Não desperdice sua vida!

Dados Internacionais de Catalogação na Publicação (CIP)
(Câmara Brasileira do Livro, SP, Brasil)

Grün, Anselm
Não desperdice sua vida! / Anselm Grün ; tradução de Markus Hediger. -- Petrópolis, RJ : Vozes, 2015.

Título original: Versäume nicht dein Leben.
ISBN 978-85-326-5147-1

1. Conduta de vida 2. Cristianismo 3. Espiritualidade 4. Estilo de vida 5. Vida cristã I. Título.

15-08204 CDD-248.4

Índices para catálogo sistemático:
1. Vida cristã : Espiritualidade : Cristianismo
248.4

ANSELM GRÜN

Não desperdice sua vida!

Tradução de Markus Hediger

VOZES

© 2014, by Vier-Türme GmbH-Verlag, Münsterschwarzach

Título do original em alemão: *Versäume nicht dein Leben!*

Direitos de publicação em língua portuguesa:
2015, Editora Vozes Ltda.
Rua Frei Luís, 100
25689-900 Petrópolis, RJ
www.vozes.com.br
Brasil

Todos os direitos reservados. Nenhuma parte desta obra poderá ser reproduzida ou transmitida por qualquer forma e/ou quaisquer meios (eletrônico ou mecânico, incluindo fotocópia e gravação) ou arquivada em qualquer sistema ou banco de dados sem permissão escrita da editora.

Diretor editorial
Frei Antônio Moser

Editores
Aline dos Santos Carneiro
José Maria da Silva
Lídio Peretti
Marilac Loraine Oleniki

Secretário executivo
João Batista Kreuch

Editoração: Maria da Conceição B. de Sousa
Diagramação: Sandra Bretz
Capa: Idée Arte e Comunicação

ISBN 978-85-326- 5147-1 (Brasil)
ISBN 978-3-89680-901-8 (Alemanha)

Editado conforme o novo acordo ortográfico.

Este livro foi composto e impresso pela Editora Vozes Ltda.

Sumário

Introdução, 7

1 Garantir-se, 13

2 A falta de sentido, 31

3 A contemplação equivocada, 49

4 Girar em torno de si mesmo, 65

5 Acomodar-se na metade da vida, 75

6 Pessoas idosas que não viveram, 85

7 Eu perdi algo, 95

8 Medicamentos psiquiátricos como substitutos, 105

9 Como não perder o amor, 119

10 A virtude cristã da esperança, 125

Para encerrar – Continuar no mar da vida, 147

Fontes e dicas para uma leitura mais aprofundada, 151

Introdução

Nos últimos tempos encontro cada vez mais pessoas que deixam a vida passar. Tentando se garantir para todos os lados, elas ficam paradas. Precisam ainda desse ou daquele curso antes de se levantarem e procurarem um emprego. Aos quarenta anos ainda estão em algum tipo de formação. E nunca chegaram a trabalhar direito.

São sobretudo as pessoas jovens que me passam a impressão de estarem desperdiçando a vida. Em muitos alunos que estão completando o ensino médio não percebo qualquer entusiasmo de partir para a vida. Eu ainda me lembro de como me senti quando fiz o vestibular. Foi em 1964. Eu queria mudar o mundo; queria mudar a Igreja; queria proclamar a mensagem de Jesus em nova linguagem. Na época, o que me impulsionava era a paixão. Não vejo essa paixão em muitos jovens de hoje. Percebo, antes, certo medo: tudo está tão difícil. Falta a coragem de iniciar algo novo.

No entanto, não quero generalizar. Existem também muitos jovens que ousam viver, que ainda novos se mudam para o exterior durante algum tempo e que são muito mais flexíveis do que nós éramos em nossa juventude. Eles têm a coragem de estudar na Espanha, na Dinamarca, nos Estados Unidos, na Ásia e de trabalhar nesses países durante alguns anos. E eles são muito mais experientes em termos globais do que nós éramos na época.

Por outro lado, encontro também com frequência pessoas idosas que dizem de si mesmas: "Jamais vivi". Elas lamentam sua vida não vivida. Agora, nessa fase da vida sentem que a desperdiçaram. E muitas vezes têm sentimentos de culpa e amargura porque acham que não aproveitaram a vida; que não viveram de verdade. Uma senhora de oitenta anos de idade se queixou dizendo que jamais havia vivido para si mesma; sempre se adaptara. E ela estava triste por nunca ter confiado em seus sentimentos e nunca ter tentado realizar seus desejos. Eu tentei transmitir àquela senhora que nunca é tarde demais para começar a viver; que ela precisava respeitar e valorizar o que vivera até então, mesmo tendo a impressão de que aquilo não havia sido a vida verdadeira. Mas ela havia conseguido chegar aos oitenta anos de idade; ela precisava se conscientizar daquilo que havia vivenciado a despeito de sua vida não vivida. E agora, diante desse pano de fundo, precisava gravar seu rastro no mundo. Se ela começasse a viver agora, sua vida não vivida também se tornaria parte de sua vida e vivacidade.

Quando comecei a refletir sobre o perder a vida e deixá-la passar (*versäumen*, em alemão), eu acreditava que a palavra derivava de *Saum* (borda). Mas o dicionário me corrigiu. A palavra *"säumen"* com o significado de "hesitar" é de origem desconhecida. Provavelmente está vinculada à palavra *"sumen"* do alto alemão médio, que antigamente era usado no sentido de "impedir, obstruir, inibir". Disso surgiu a palavra *"versumen"* no alto alemão médio. *Versäumen* significa, portanto, deixar uma oportunidade passar, perder, deixar alguém passar. Fazem parte da mesma família palavras como "lento, atrasado" e "adiamento, impedimento".

O dicionário dos Irmãos Grimm cita muitas expressões com a palavra *"versäumen"*. Martinho Lutero fala muito em deixar passar (*versäumen*) as crianças e os jovens. O que ele quer dizer é que os adultos os negligenciam. E diz também que alguns deixam passar sua juventude; eles não vivem a vivacidade e a energia da juventude, adequando-se às expectativas de outros. Lutero também aplica a palavra *versäumen* a coisas ou eventos. Não devemos deixar passar ou perder a missa, a graça de Deus. Caso contrário, perdemos algo essencial em nossa vida. E Lutero conhece pessoas que perdem, deixam passar ou negligenciam o bem, perdendo assim a chance de viver a própria vida.

Quem perde uma oportunidade, perde algo importante. Ele deixa passar a vida porque aquilo não corresponde exatamente às suas expectativas. No século XVII, a palavra "passar" era usada principalmente no jogo de cartas. Significava deixar passar um jogo, que se desistia de fazer um jogo. Ainda hoje há jogos de cartas em que se diz *Ich passe* (Eu passo) quando não se quer arriscar.

Muitas vezes, vejo pessoas que deixam passar a vida porque ela simplesmente não corresponde àquilo que elas esperavam. Mas elas podem esperar o quanto quiserem, a vida jamais será exatamente como esperam; sempre encontrarão algum defeito. Elas desistem de participar do jogo da vida.

A palavra latina para "deixar passar" é *"tardare"*. Ela provém de *"tardus"* = "lento, hesitante, obtuso, abafado". *Tardare* significa obstruir e impedir algo. No fim das contas, impeço a vivacidade. Eu hesito fazer algo, e assim deixo a vida passar. O Antigo Testamento também conhece essa postura e a critica. O Livro do Eclesiástico adverte:

> Não tardes em voltar para o Senhor, nem adies de um dia para outro (Eclo 5,7).

Aqui, a postura de deixar algo passar é vinculada a adiar. Isso é uma praga que muitas pessoas conhecem; elas ficam adiando decisões importantes; adiam aquilo que lhes é desagradável. Mas quanto mais eu adiar algo, maior se torna a montanha à minha frente, e assim jamais começarei a removê-la.

O ser humano não deve hesitar, mas pedimos a Deus que ele também não hesite em ajudar. Assim, o Sl 40 pede a Deus: *"Noli tardare"*, i.e., "Não tardes!" O versículo completo diz:

> Tu és meu amparo e meu libertador: / meu Deus, não tardes mais! (Sl 40,18).

No encontro "Adultos em Curso", do qual participaram cerca de setenta jovens adultos na virada de ano aqui na abadia onde resido, fiz uma palestra com o tema "Transpondo fronteiras". Durante a palestra, mencionei que estava escrevendo um novo livro. Quando lhes revelei o título: *Não desperdice sua vida!*, muitos perguntaram imediatamente: "Quando será publicado?" Percebi que esse tema comove muitos jovens adultos. A reação dos participantes do encontro me encorajou a escrever este livro, mesmo sabendo que se trata apenas de uma tentativa de descrever um fenômeno que observo em muitas pessoas.

Neste livro pretendo abordar o tema "deixar passar". Quero expor o que me veio à mente no diálogo com as pessoas. Não quero acusar ninguém; pretendo apenas descrever os fenômenos que observei. E quero também apontar um caminho de como recuperar a coragem para ousar na vida. Tentarei encontrar esse caminho na conduta de Jesus, em sua postura interior, em suas palavras e em seus atos. Jesus é para mim uma personalidade forte e vigorosa. Ele realmente viveu a sua vida; arriscou sua vida por nós; empenhou-se e pagou seu empenho com a própria vida. Mas é justamente assim que Ele se transforma em um desafio para nós de ousar a vida, de abandonar a passividade e de assumir as rédeas da vida.

1 Garantir-se

Um mestre Zen japonês falou da visita de jovens adultos que o procuraram para refletir sobre o que deveriam fazer com suas vidas. Ele se assustou quando os ouviu falar. Em vez de ousarem a vida e se empenharem em uma profissão, mostravam-se cheios de preocupação: O mundo é tão inseguro. Se eu trabalhar para essa empresa, quem pagará minha aposentadoria? Já agora, em seus anos de juventude, eles pensavam em sua aposentadoria, em vez de partirem para a aventura da vida.

Isso é certamente um exemplo extremo. Mas em muitos jovens vejo que as preocupações excedem a coragem de ousar algo. Uma senhora me contou sobre um estudante que, aos vinte e seis anos de idade, já havia feito um seguro de vida para garantir seu jazigo no cemitério. A senhora tentou encorajá-lo, sugerindo que vivesse primeiro a sua vida antes de pensar em um seguro de vida. Ele, porém, ficou admirado ao saber que os outros ainda não haviam feito esse tipo de seguro. Aquele homem pensava no fim, ignorando a vida.

As preocupações são relacionadas a várias áreas. Existe o medo de não estar preparado para a vida. Por isso, a pessoa acredita precisar fazer primeiro esse ou aquele curso. Em vista das muitas ofertas de bons cursos, ela nunca sai da escola.

Conheço homens que, aos quarenta anos de idade, ainda estão na fase de formação e nunca trabalharam. Pularam uma fase importante em sua vida. Acreditam que, quando terminarem esse curso, se dedicarão ao trabalho com todas as suas forças. Mas quando ouço isso passo a ter dúvidas. Muitas vezes, essas pessoas nunca dão um primeiro passo; já se acostumaram tanto à sua formação e aos seus eternos cursos que nem conseguem mais se dedicar a um trabalho.

A economia empresarial fala de *input* e *output*. Precisamos investir na empresa para que ela dê retorno. Isso também vale para a nossa vida pessoal; precisamos aprender a absorver algo para que isso possa fluir de nós. No entanto, tenho a impressão de que algumas pessoas acabam se engasgando com o excesso de *input*. Precisam sempre de mais informações; ficam sentadas ao computador, pesquisando na internet à procura de informações interessantes. Mas quanto mais informações encontram, menos assumem as rédeas de sua vida para moldar este mundo.

Seu apetite insaciável de conhecimento, informações e segurança se manifesta também na crença de precisarem ainda desse ou daquele curso. Mas recentemente tenho encontrado muitas pessoas que acabam desperdiçando a vida por causa dos cursos; estes não lhes ajudaram a fazer sua vida fluir. Sua vida não dá frutos. De tanto regar as plantas, estas se afogam, em vez de florescer.

Não posso viver apenas de informações. A vida só permanece em equilíbrio se o *input* e o *output* corresponderem. Se nada jamais sair de mim – ou se eu investir apenas pouquíssima energia em minha vida – acabo bloqueando a energia dentro de meu ser. O resultado são pessoas eternamente doentes. Já que a energia não pode fluir para o mundo, ela se volta contra a própria pessoa.

Esse desejo excessivo de se garantir tem também desvantagens bem concretas. Pessoas com excesso de cursos têm dificuldades de encontrar emprego porque são qualificadas demais. Ninguém quer contratá-las porque adquiriram qualificações excessivas. O empregador teme que, em virtude de todas essas qualificações, ele precisa lhes pagar um salário alto, coisa que essa atividade não justifica. E assim, as pessoas com excesso de formações alcançam o oposto daquilo que imaginavam. Não encontram emprego e mais uma vez perdem muito tempo com a procura de trabalho adequado.

Às vezes, a razão para esses cursos constantes é uma autoimagem exagerada ou uma falta de autoconfiança. Algumas pessoas acreditam ser boas demais para os trabalhos simples. Elas têm uma autoimagem tão exagerada que não conseguem mais se envolver com a medianidade da vida. Elas têm medo de aceitar um emprego que exija delas também atividades bem simples. Já se veem como chefes de departamento e se recusam a executar primeiro trabalhos simples, para, a partir daí, avançar na carreira. Outras pessoas precisam de inúmeros cursos porque não têm confiança em suas habilidades. Acreditam que precisam desse ou daquele curso para adquirir a capacidade de fazer determinado trabalho. Mas em cada novo curso aumenta o medo de não corresponder às exigências e expectativas do trabalho.

Só consigo encontrar um emprego se eu tiver a humildade de me dedicar primeiro a trabalhos básicos. Apenas quando me dedico a algo concreto posso começar a transformar meu trabalho, fazendo sugestões e avançar para trabalhos supostamente "mais importantes". No Evangelho de São Lucas, Jesus diz:

> Quem é fiel no pouco também o é no muito, e quem no pouco é infiel também o é no muito (Lc 16,10).

Toda empresa prefere testar o funcionário primeiro com tarefas pequenas, antes de lhe confiar tarefas maiores e mais importantes.

Outros têm medo de não conseguirem corresponder às exigências dessa profissão ou desse trabalho concreto. Querem se garantir, querem se certificar de que não se desgastarão com esse trabalho. Quando recebem a oferta de um trabalho, ponderam primeiro o que essa atividade fará com eles, senão terão que trabalhar demais. Alguns calculam imediatamente: Isso ocupa 40% do meu trabalho; e aquilo, 60%. Não posso aceitar nenhum trabalho a mais. Assim, garantem que jamais serão levados para além de seus limites. Mas assim jamais descobrem do que são capazes. Cedo demais, definem os limites dentro dos quais pretendem passar sua vida. E assim, jamais superam seus limites; sua vida sempre gira dentro dos limites restritos que eles mesmos se impuseram.

No entanto, só descubro o meu limite quando passar dele. Lembro-me do tempo em que comecei a trabalhar na administração: Nunca me perguntei se o trabalho era demais; simplesmente queria fazê-lo; queria movimentar algo; queria testar minhas forças para, assim, em algum momento, descobrir meus limites e depois respeitá-los. Meu lema era: primeiro gastar minhas energias antes de discernir o que é realmente necessário e o que devo evitar. Apenas após explorar e gastar minhas energias sou capaz de definir limites saudáveis.

Evidentemente, é importante impor limites. Quem trabalha sem medida se exausta facilmente e pode até sofrer da Síndrome do Fósforo Queimado (*burnout*). Mas quem define seus limites cedo demais jamais entra no fluxo da vida; sempre trabalhará com o freio de mão puxado. Quem utiliza freio o tempo todo dificilmente avança. Precisa de muita energia para frear. Como na condução de um carro, quem freia não tem energia para sair.

O medo da Síndrome do Fósforo Queimado se manifesta em muitas pessoas com a eterna desculpa do estresse. Essas pessoas já se sentem estressadas com qualquer desafio, por menor que seja. Em vez de aceitarem primeiro o desafio e se dedicarem a ele, sentem, desde o início, o estresse que esse trabalho poderia causar. Algumas se queixam do estresse diante das menores exigências. Em psicologia já se fala de "internação por estresse".

Quando tento me colocar no lugar dos jovens que tanto desejam uma última garantia, tento entendê-los. Evidentemente, eles precisam de segurança neste mundo inseguro. Antigamente bastava conseguir emprego em uma empresa e mostrar um bom serviço. Isso lhes garantia um emprego seguro. Hoje não existe mais a garantia de que a firma sobreviverá; ela poderá passar por uma reestruturação e seu emprego ser cortado. Não existe mais a segurança de ficar no mesmo lugar; um funcionário pode ser mandado para qualquer lugar do mundo. Isso gera insegurança não só em relação à própria pessoa, mas também em relação à família que, talvez, ele queira constituir. A insegurança influi também sobre a escolha do parceiro, sobre a educação e criação dos filhos em ambiente saudável. Já que a insegurança aumenta, aumenta também o desejo de segurança, que é maior do que era na minha juventude.

Aos vinte e cinco anos de idade meu pai saiu do Vale do Ruhr e se mudou para a Bavária católica, sem ter emprego. Ele sobreviveu trabalhando em construções e depois fundou seu próprio negócio. Depois da guerra sua empresa faliu, porque a disciplina financeira das pessoas era ruim após a reforma monetária. Depois teve que se empenhar para reerguer sua firma. As condições externas também eram inseguras, mas ele sabia que precisaria lutar.

No início da década de 1960 já havia vencido essa luta, mas mesmo assim sempre teve que se adaptar às novas situações do mercado.

Nas décadas de 1950 e de 1960 existia uma euforia na Alemanha, e essa euforia também contagiou a mim e aos meus colegas. Não queríamos fazer uma carreira financeira; queríamos transformar o mundo com novas ideias. E para mim e meus colegas isso significava, em primeira linha: renovar a Igreja, enriquecê-la com novas ideias, proclamar a mensagem de forma nova. Estávamos dispostos a tentar algo novo; não nos bastava preservar o existente.

Naturalmente esse prazer do novo e a coragem de se entregar ao desconhecido existe também nas pessoas jovens de hoje. Mas vejo em muitos alunos no início da faculdade que eles ainda nem sabem o que querem; olham para o futuro com certo medo; querem garantir-se; hesitam em iniciar a faculdade. Muitos preferem tirar um tempo de folga.

Eu me lembro que, depois de completar o ensino médio, eu não pensei em tirar um tempo; eu estava ansioso para experimentar algo novo. Assim, iniciei meu noviciado logo após terminar aqueles meus estudos, e lá encontrei muita coisa nova que me desafiava. E na faculdade sempre me dediquei com intensidade para então poder proclamar a mensagem de Jesus em linguagem nova. Passei muito tempo na biblioteca, estudei filósofos modernos, mesmo que eles me levassem ao limite de minha capacidade intelectual. Eu queria saber como pensavam esses filósofos e como eu poderia proclamar a mensagem cristã no contexto desse pensamento.

Uma mãe me contou que seu filho pretendia fazer uma pausa de um ano após o ensino médio, que queria ir para a Austrália e conhecer aquele continente. Aquela senhora concordou, mas lhe disse que não tinha como financiar aquele ano. Ela estaria disposta a lhe dar o dinheiro para seis meses, mas ele teria que encontrar uma maneira de financiar os últimos seis meses. Então ele começou a planejar sua viagem, mas no fim nada aconteceu. E assim ele continua sentado ao computador contemplando o mundo pela tela. Porém, dessa forma, ele ainda não encontrou nenhum caminho para planejar seu intervalo, muito menos para realmente realizá-lo. Assim, ele perde seu tempo planejando, mas nada acontece.

Evidentemente, existem também modelos contrários. Mesmo aquele que parte e experimenta algo novo pode se perder em sua busca pelo supostamente perfeito. Uma jovem mulher me contou que ela acabara de passar um ano na Austrália. Lá trabalhou em várias fazendas e viajou pelo país. Agora voltou a trabalhar durante dois anos em sua antiga profissão, como enfermeira. Mas ela pretende viajar novamente, pois se sente presa na Alemanha. No entanto, durante sua estadia no exterior, ela percebeu que a Austrália também não é o país em que deseja viver para sempre. Ela está à procura de um país que lhe transmita ao mesmo tempo uma sensação de liberdade e segurança. É uma mulher corajosa. Mas tive a impressão de que em seu medo de não encontrar o lugar perfeito para ela neste mundo, deixa a vida passar. Isso porque país ideal não existe.

Não posso encontrar segurança e liberdade ao mesmo tempo; algo sempre me limita ou me deixa inseguro. A mulher jovem quer experimentar tudo, mas ela não quer tomar uma decisão. Em algum momento será tarde demais para pensar em uma família e para fazer carreira em sua profissão.

Após a conversa com essa mulher jovem, fiquei fascinado com sua coragem de partir para o mundo à procura de sua felicidade, mas tive também uma sensação inquietante: Em algum momento ela assumirá as rédeas de sua vida? O que a impulsiona a sempre experimentar alguma coisa nova, mas sem se comprometer, sem se envolver com algo a longo prazo? Talvez seja o medo de uma vida restrita demais. Entendo bem esse medo. Quando jovem, eu também sempre tinha medo de me transformar em burguês. Eu queria permanecer vivo. Mas eu me comprometi, me envolvi com uma comunidade. Busquei a limitação e a restrição para assim alcançar uma vida sem fronteiras. Antes do vestibular eu temia que a comunidade de Münsterschwarzach pudesse ser limitada demais para mim. Eu me fascinava com os cientistas da Ordem dos Jesuítas. Isso me atraía, mas por fim criei coragem e entrei na Comunidade de Münsterschwarzach. Eu nutria a esperança de, por meio dela, partir para o mundo, para longe da Alemanha, talvez para a Coreia, para lá causar algum impacto.

Às vezes tenho a impressão de que algumas pessoas se concentram tanto em suas concepções da vida, que se tornam incapazes de se comprometer com algo fixo. Pois isso talvez as impediria de fazer essa ou aquela viagem. Ou talvez não poderiam participar todos os anos de determinada festa. Ou talvez não poderiam mais sair com as amigas à noite, sempre que estivessem a fim. Tenho a impressão de que essas pessoas submetem suas vidas a coisas externas, e se assumissem um emprego fixo, isso poderia impedir essa vida. O trabalho, o compromisso com algo concreto interrompe esse descompromisso, interrompe os hábitos que criaram. Quando ouço ou vejo algo assim, assusto-me com a inflexibilidade dessas pessoas. Tudo precisa sempre ser como elas imaginam e sonham. Elas deixam a vida passar porque não estão dispostas a se comprometer. Cada caminho passa por um impasse, como já dizia o místico alemão Johannes Tauler. E apenas se eu ousar passar pelo impasse a vida se abre para mim. Muitos têm medo do impasse, e assim sua vida nunca se abre.

Outro aspecto que impede as pessoas a se comprometer com um trabalho ou uma profissão é o medo. Elas têm medo de cometer algum erro. "Talvez não seja esta a profissão certa para mim." Por trás desse medo se esconde muitas vezes um perfeccionismo falso. "Preciso encontrar a profissão absolutamente certa para mim." Mas essa profissão absolutamente certa não existe. Preciso me contentar com a profissão que mais corresponde a mim, mas em cada profissão existem irritações e rotinas. Queremos a profissão ideal que sempre nos dá prazer. No fim das contas, trata-se da recusa de aceitar a medianidade da própria vida. Apenas quando eu me entregar a uma profissão posso mudar algo nela e gerar algo novo. Mas muitos estão à procura de uma profissão ideal que na realidade não existe. Eles não querem se envolver com algo imperfeito, apenas com o perfeito, e assim deixam a vida passar, pois não existe nada perfeito em nossa vida.

O outro medo é o de cometer um erro se eu me comprometer com essa profissão. Talvez ela me limite demais; talvez exija demais de mim; talvez tenha que trabalhar mais do que oito horas por dia. Então, não terei tanto tempo para a minha família. É claro que essas reflexões não são injustificadas. Preciso encontrar um equilíbrio saudável entre trabalho e vida, mas cada profissão me desafia. Apenas se eu aceitar o desafio conseguirei fazer algo para impedir que ele exija demais de mim. Mas esse medo leva alguns a não permitir que sejam desafiados.

A resposta de Jesus

Quando procuro na Bíblia uma resposta para esse desejo de se garantir, lembro-me primeiramente de Maria e de José. Na história da infância de Jesus contada por São Mateus, o tema é, muitas vezes, para deixar de pensar demais e simplesmente se levantar e partir. José fica pensando muito sobre o que deve fazer com Maria, que está grávida, mas não dele. Em meio às suas reflexões, um anjo lhe aparece em sonho e lhe ordena trazer Maria para a sua casa, e quando os astrólogos voltam para suas terras o anjo aparece mais uma vez em sonho e diz a José:

> Levanta-te, toma o menino e sua mãe, foge para o Egito (Mt 2,13).

José se levanta e parte para o Egito. Lá o anjo reaparece em sonho e lhe diz:

> Levanta-te, toma o menino e sua mãe e volta para a terra de Israel, pois já morreram os que procuravam matar o menino (Mt 2,20).

Na Bíblia latina encontramos as duas palavras "*Surge et vade*" = "Levanta-te e vai!" Há muita força nessas duas palavras. A criança havia sido ameaçada por Herodes. Por isso, José teve que se mudar com a criança e sua mãe para o Egito, e assim protegê-los. Mas agora chegou a hora de se levantar e voltar para Israel. Existem situações em que precisamos recuar. Precisamos do espaço do silêncio como espaço de proteção, para lá nos protegermos dos ataques do mundo. Mas existem muitas pessoas que não conseguem sair desse espaço de proteção. Elas se sentem bem quando podem passar alguns dias no mosteiro para mergulhar na atmosfera espiritual do lugar, ou amam meditar diariamente. Mas têm dificuldades de se levantar e percorrer o caminho de volta para o dia a dia. No caso de José, é um anjo que lhe aparece em sonho. Às vezes, Deus nos desafia no sonho a nos levantar e percorrer o caminho que nos leva para a vida. Muitas vezes, é um impulso interior ao qual devemos seguir. O caminho sempre leva para o dia a dia, para a realidade da nossa vida.

A palavra grega para "levanta-te" é "*egertheis*". Significa também: "Acorda!" Muitas vezes não conseguimos entrar na vida porque nos entorpecemos com ilusões. Nesse caso é necessário acordar primeiro. O jesuíta indiano Antony de Mello descreve o misticismo como caminho para despertar. Devemos acordar para a realidade, vê-la como ela realmente é.

E todas as três palavras – *egertheis, surge*, levanta-te – têm a ver com a ressurreição, que significa: levantar-se de sua posição de espectador, na qual sabemos tudo melhor, na qual julgamos tudo sem expor nossa própria vida. Ressurgir do túmulo no qual nos instalamos com tanto conforto, ressurgir do sono no qual nos sentimos protegidos.

Para mim, levantar-se também significa assumir responsabilidade por mim mesmo. A Bíblia conhece duas palavras para a ressurreição: "*anastasis*" = "levantar" e "*egerthe*" = "ele foi reavivado, acordado". A ressurreição sempre significa ambos: eu acordo do sono das minhas ilusões e me levanto para a vida.

Muitas vezes, o "levanta-te" é seguido por um "vai". Eu me levanto para ir para algum lugar. No texto grego encontramos a palavra "*poreuou*". Ela significa: inicie seu caminho, ande pelo mundo. Ou também: marche contra os inimigos. Ela deriva de "*poros*" = "passagem". Andar significa sobretudo ousar passar por uma porta estreita para então seguir em seu caminho. Preciso primeiramente vencer um obstáculo para poder seguir meu caminho. José precisa atravessar a fronteira; ele precisa vencer todos os obstáculos que obstruem seu caminho em sua longa viagem para

Israel. Ele sabe que a viagem não será agradável, mas sim um avanço exaustivo por terreno espinhoso, por desertos e matas. Mas ele se levanta e vai; obedece ao anjo, ao sonho, à voz interior em seu coração.

Cada um de nós conhece a voz interior de nosso coração. Mas muitas vezes não lhe obedecemos. Temos muitas razões para ignorá-la. Dizemos que estaremos desprotegidos em nossa viagem. Por isso, preferimos permanecer no Egito, num espaço protegido, onde ninguém nos conhece. Mas o anjo diz claramente: "Levanta-te e vai! Acorda e inicia sua viagem!"

Na história da infância de Jesus segundo São Lucas, é Maria quem se levanta e vai. Após o anjo anunciar-lhe o nascimento da criança divina:

> Maria se pôs a caminho ("*anastasa*") e foi apressadamente às montanhas para uma cidade de Judá (Lc 1,39).

O anjo não ordenou que levantasse – como o fez na história de José. Mas ela reage à experiência espiritual feita no encontro com o anjo levantando-se e partindo.

Ela ousa entrar nas montanhas. Não é um caminho fácil. Se vermos as montanhas como imagem, podemos dizer que elas representam as montanhas de bloqueios internos, de objeções e preconceitos. Sentimos o impulso de nos levantar e fazer uma visita a outra pessoa. Mas temos muitas desculpas: Ela não tem tempo para mim. O caminho é longo demais. Talvez ela nem esteja em casa. Talvez minha visita lhe seja desagradável.

Conhecemos muitas montanhas que nos impedem de levantar e iniciar nossa caminhada. Nossos medos e temores são como montanhas que nos impedem seguir o caminho que, no momento, sentimos ser apropriado. E assim construímos sistemas complexos de pensamento para justificar o fato de não nos levantarmos em determinado momento. Maria, a jovem mulher que ousa enfrentar a caminhada de três dias pelas montanhas sem acompanhamento e sem proteção, é um exemplo. Não precisamos ser fortes como José. Se confiarmos no coração como Maria o fez, estaremos protegidos em nosso caminho, e traremos bênçãos a outras pessoas – como Maria foi uma bênção para Isabel. Mas se continuarmos sendo apenas espectadores da vida, nenhuma bênção emanará de nós.

Quando reflito sobre o tema "garantir-se", lembro-me das duas palavras de Jesus que Ele diz às pessoas que querem segui-lo, mas que ainda têm dúvidas. Elas querem seguir seu impulso interior, sentem que Ele as levará para a vida, mas a razão encontra tantas razões para suprimir o impulso interior ou para roubar-lhe a força. Um jovem ouve o impulso, mas antes precisa resolver ainda uma série de coisas antes de seguir ao chamado interior. Ele diz:

> Senhor, deixa-me ir primeiro enterrar meu pai (Lc 9,59).

Jesus lhe responde:

> Deixa que os mortos enterrem os seus mortos; tu, porém, vai e anuncia o Reino de Deus (Lc 9,60).

Primeiro, o homem quer resolver tudo. Ele quer resolver a herança em casa. Quer esperar até que o pai morra. Apenas então terá coragem para seguir seu caminho. Eu encontro muitas pessoas que não ousam seguir seu próprio caminho por causa dos pais. É uma coisa boa pensar e ter consideração pelos pais, mas essa preocupação com eles não pode fazer com que eu não ouse em minha vida. Pois mais tarde eu poderei acusar meus pais de terem impedido que eu vivesse minha vida. Também poderei exigir que eles me liberem e me deixem seguir meu caminho.

Jesus responde aqui com uma palavra drástica: "Deixa que os mortos enterrem os seus mortos". Isso significa para mim: todas essas garantias são apenas morte, paralisia. Quem quiser viver precisa abrir mão dessas garantias e seguranças e se jogar na vida, ousá-la sem proteção.

Outra pessoa pretende seguir Jesus. Ela está entusiasmada com Ele. Mas então ela tira o impulso desse desejo dizendo:

> Eu te seguirei, Senhor, mas deixa-me antes despedir-me de minha família (Lc 9,61).

Jesus responde:

> Ninguém que põe a mão no arado e olha para trás serve para o Reino de Deus (Lc 9,62).

Essa pessoa jovem deseja seguir seu impulso interno, mas ao mesmo tempo quer que sua família confirme e aprove esse caminho. Ele deseja receber a confirmação de seu mundo, mas Jesus lhe responde com sua metáfora: Se você sentir esse impulso dentro de você, então deve segui-lo sem antes buscar a confirmação de sua família. Posso percorrer sozinho o caminho que corresponde ao meu interior, mas preciso aceitar essa solidão. Se eu sempre esperar a confirmação dos outros, isso se compara a sempre olhar para trás enquanto eu aro a terra para ver se todos aprovam da forma como o faço. Quando olho para trás, a linha que meu arado traça na terra fica torta, e assim jamais termino de arar o campo da minha vida. Para que meu campo produza frutos eu preciso arar com determinação, olhando para a frente. Não posso ficar olhando para trás, buscando a confirmação dos outros.

Quando ainda trabalhava com jovens, muitos deles me procuravam e me contavam entusiasmados o que pretendiam fazer. Mas seus pais eram antiquados demais; não compreendiam aquele desejo. Eu lhes dizia: "Você quer seguir seu impulso interno, mas ao mesmo tempo quer que todos aprovem e admirem o seu caminho. Se você realmente quiser seguir seu caminho, precisa partir sem que todos o aprovem". Quando sigo o meu caminho sem a aprovação de todos, eu me sinto solitário. Mas essa solidão faz parte do meu caminho. No fim das contas, preciso resolver com a minha própria consciência o que é o certo para mim. E então preciso ir em frente.

Muitas pessoas desperdiçam a vida porque se submetem às opiniões dos outros. Quando seus pais ou amigos se mostram preocupados, elas perdem a coragem e não ousam seguir seu impulso. Isso já começa com a escolha da faculdade. Muitos não ousam estudar o que realmente desejam; eles permitem que as objeções de seus familiares os impeçam. Eles ouvem palavras como: "E o que você fará com esse estudo? Com isso você não poderá ter salário decente. Você morrerá de fome com essa profissão. Estuda algo que lhe dê segurança". Evidentemente existe pressão por ganhar dinheiro, pois não podemos viver em espaço vazio. Mas quando se avalia tudo primeiramente em termos de utilidade e salário, os jovens deixam de sonhar. Aquele que realiza seus sonhos também conseguirá ganhar seu sustento. Seus sonhos lhe dão asas e ele terá força para enfrentar a vida real; enfrentará a vida dotado de asas e não passará sua existência com asas quebradas.

2 A falta de sentido

Só consigo ousar a vida se eu encontrar sentido nela. Viktor Frankl, o terapeuta judeu que sobreviveu a seis campos de concentração, reconheceu que só se consegue sobreviver a situações difíceis se encontrar sentido na própria vida. Então passou a dedicar toda a sua vida ao tema do "sentido". Ele observou que hoje o sentimento de falta de sentido é muito mais comum entre os jovens do que entre as pessoas mais idosas. Ele acredita que a razão disso é que muitas pessoas perderam o senso de refúgio e acolhimento nas tradições. Elas se sentem desarraigadas. A árvore que deseja crescer não possui raízes, e por isso ela teme secar e ser derrubada por qualquer ameaça. Viktor Frankl diz:

> Quando o ser humano encontra um sentido, ele está disposto a sofrer quando necessário. Ao contrário, porém, quando não conhece nenhum sentido da vida, ele não se importa com ela, mesmo que ele esteja bem de vida externamente, e sob determinadas condições ele a joga fora (FRANKL. *Der Mensch auf der Suche nach Sinn*, p. 317).

E em outra passagem, Frankl afirma:

> Assim que as pessoas têm o suficiente para viver, elas descobrem que não têm nada pelo que possam viver (FRANKL. *Der Mensch auf der Suche nach Sinn*, p. 318).

Em uma entrevista por ocasião de seu 90º aniversário, Frankl citou pesquisas empíricas segundo as quais 80% dos estudantes de faculdade norte-americanos responderam "não" à pergunta se a vida tinha sentido (FRANKL. *Die Kunst, sinnvoll zu leben*, p. 25). Ele também citou uma frase de Friedrich Nietzsche, uma de suas preferidas:

> Aquele que tem um "porquê" para viver suporta também qualquer "como" (FRANKL. *Die Kunst, sinnvoll zu leben*, p. 27).

Para Frankl, procurar o sentido em sua vida tem a ver com autotranscendência. Ele usa o termo autotranscendência para descrever o fato

> de que a existência humana sempre aponta para algo além dela mesma, algo que não é ela mesma – para algo ou para alguém; para um sentido que devemos cumprir ou para outro ser humano que abraçamos com amor. O ser humano se realiza no serviço a uma causa ou no amor a uma pessoa. Quanto mais ele se realizar em sua tarefa, mais ele se entregará a seu parceiro, mais ele se tornará humano, mais ele encontrará a si mesmo. Ou seja, o ser humano só pode se realizar na mesma medida em que ele se esquece, em que ele se ignora (FRANKL. *Der Mensch auf der Suche nach Sinn*, p. 14).

Esse ponto de vista de Frankl é diametralmente oposto ao girar em torno de si, tão comum em nossos dias. Hoje, sempre perguntamos primeiro qual é a nossa vantagem, e nos esquecemos daquilo pelo qual nos empenhamos, a quem ou ao que nos entregamos. Esse girar em torno de si mesmo, esse egocentrismo não encontra um sentido na vida. Talvez o sentido seja apenas a diversão, mas esse não é um sentido que nos transcende. Elisabeth Lukas, aluna de Viktor Frankl, descobriu em suas pesquisas que a frustração existencial – ou seja, o sofrimento diante da ausência de sentido – é significativamente maior nos frequentadores do *Wiener Prater*, um parque de diversão em Viena, do que na população mediana de Viena (p. 15).

Viktor Frankl cita Albert Einstein, que disse certa vez:

> Aquele que percebe sua vida como não tendo sentido não é apenas infeliz, mas também praticamente incapaz de viver (FRANKL. *Der Mensch auf der Suche nach Sinn*, p. 24).

Às vezes, quando encontro pessoas incapazes de viver, eu me pergunto: Onde está a causa disso? Nas feridas da infância, que prejudicaram tanto essas pessoas ao ponto de serem incapazes de lidarem com a vida? Ou na falta de sentido? Essas pessoas não conseguem encontrar um sentido para si mesmas? E então surge a pergunta: Por que elas não conseguem encontrar um sentido. A meu ver, isso tem a ver com expectativas exageradas à sua vida. Elas não conseguem viver suas ilusões, por isso, recusam a vida. Estão internamente magoadas por ter que viverem nessa situação frágil. Mas elas não lutam para extrair um sentido dessa vida danificada.

Quando Viktor Frankl esteve no campo de concentração, ele também poderia ter se sentido "magoado" pelo fato de suas abordagens psicológicas promissoras não serem respeitadas pelo destino, que, em vez disso, o mandou para aquele lugar, onde a chance de sobreviver era de 1 entre 29. Mas ele se agarrou ao sentido de sua vida: ao amor pela sua esposa e à obra que Deus lhe atribuíra. E assim, observou no campo de concentração

> que estes eram os mais prováveis a sobreviverem, até mesmo a essas situações-limite – estes, digo eu, que se orientavam pelo futuro, por uma tarefa que os esperava, por um sentido que eles pretendiam cumprir (FRANKL. *Der Mensch auf der Suche nach Sinn*, p. 24).

Não podemos impedir que a vida obstrua nosso caminho com muitos obstáculos. Não temos qualquer garantia de que a vida não tire de nós muitas coisas que consideramos importantes. Mas uma coisa – afirma Viktor Frankl com convicção – a vida não pode nos tirar: a liberdade de reagir àquilo que nos é tirado. Podem nos tirar a saúde e até mesmo a vida, mas a liberdade de reagir a isso sempre nos restará. E essa liberdade consiste em dar um sentido àquilo que nos acomete de fora e que parece privado de qualquer sentido.

Jesus nos mostra como Ele dá um sentido até mesmo à morte aparentemente tão sem sentido: Jesus transforma a violência que Ele sofre de fora em um ato de entrega, em amor por outras pessoas. A transformação daquilo que nos acomete em um ato de amor e de entrega é um desafio para nós, que nos encoraja a atribuir um sentido a tudo que interfere em nossa vida.

O fato de tantas pessoas deixarem suas vidas passar têm, portanto, a ver também com o fato de elas não saberem para que podem viver, em prol do que elas podem se empenhar. O mesmo que Viktor Frankl disse sob o ponto de vista da psicologia foi expressado de forma poética pelo escritor francês Antoine de Saint-Exupéry. Para ele, o "para quê" da vida é importante. Ele escreve:

> Você só pode viver daquilo que você transforma. Você não vive das coisas que são colocadas dentro de você como que num depósito (SAINT-EXUPÉRY, p. 124).

Hoje em dia colocam mil coisas dentro de nossa cabeça. Mas lá elas não são transformadas, elas não dão sentido à nossa vida. Apenas aquilo que recebemos e transformamos nutre a nossa vida, e aquilo que nos nutre nos dá também a força para nutrir outros.

Uma maneira de se esquivar ao sentido da vida é a existência tosca. Saint-Exupéry escreve:

> Desprezo as pessoas que se amortecem interiormente para esquecer, ou que sufocam um impulso de seu coração para viver em paz. Pois você precisa saber que cada oposição insolúvel, cada conflito incurável o obriga a crescer para que você consiga contê-lo dentro de si (SAINT--EXUPÉRY, p. 182s.).

Hoje corremos o perigo de embrutecer: por meio do consumo que nos cerca de todos os lados ou também por meio de uma oferta excessiva de sentidos. Não sabemos mais o que devemos escolher. E assim permanecemos do lado de fora e vemos todos os possíveis objetivos da vida como relativos. Em tudo encontramos motivações psicológicas que reconhecemos como danosas. E já que cada um que se entusiasma por algo poderia estar também projetando suas próprias ansiedades sobre suas metas, nós nos recusamos a qualquer projeto, preferimos não nos empenhar, temendo que poderíamos estar sendo usados. Mas essa relativização de todas as ofertas de sentido só gera uma paz ilusória. Na verdade, nosso desejo por um sentido de vida continua a arder sob a superfície. E em algum momento, esse desejo, essa ansiedade se manifestará, ou em nossa psique ou em nosso corpo. E então teremos que reagir a isso.

Uma das razões pelas quais não conseguimos nos entusiasmar por uma causa são nossas expectativas exageradas em relação a nós mesmos. Temos grandes planos, mas o mundo é mesquinho demais para permitir que realizemos esses planos. Procuramos a culpa da nossa recusa em circunstâncias externas.

Ludwig von Hertling descreveu essa razão já em 1930, em seu livro sobre a teologia ascética. Ele diz que a nossa natureza tende a definir metas altas demais. E já que tememos esforços demais, procuramos atalhos para alcançar essa meta. Mas esses atalhos nos levam a evitar as exigências da vida. O atalho não nos leva à meta verdadeira, apenas a uma meta ilusória.

Von Hertling cita vários exemplos para esse tipo de atalho. Há o estudante que confia em suas habilidades. Ele certamente passará com ótimas notas pelos exames. Mas ao mesmo tempo ele duvida de suas habilidades, e assim passa a se deparar com obstáculos como dores de cabeça, exaustão ou o barulho dos vizinhos. Tudo isso é responsável pelo fato de ele nem ir às provas. Ele alcançou apenas uma meta ilusória, em vez de percorrer todo o caminho cansativo para a realidade. A meta ilusória consiste em poder sustentar sua ilusão de ser um estudante excelente. É por causa dos outros que ele não pode demonstrar as suas qualidades.

Outro exemplo é o frade que não é muito bem-sucedido no aconselhamento. Já que ele se vê como conselheiro talentoso, ele procura a razão pela falta de sucesso em circunstâncias externas: na rigidez de seus superiores, na mesquinhez dos membros da paróquia ou no caráter antiquado das regras da Ordem. Ele também só alcança uma meta ilusória:

> a consciência de que ele teria os maiores sucessos se o mundo não tivesse se unido contra ele (VON HERTLING, p. 123s.)

O frade reage com amargura e culpa as circunstâncias. Na verdade, porém,

> foi ele quem gerou a amargura, porque precisa dela para sustentar a mentira de sua vida (VON HERTLING, p. 124).

A essas pessoas que estabelecem ideais exagerados para se esquivar da realidade e justificar sua falta de empenho, o poeta Angelus Silesius diz:

> Ah, homem, não se perca,
> Cabe exclusivamente a ti.
> Levanta-te em Deus,
> Podes ser o maior no céu.

Angelus Silesius não aceita as circunstâncias externas como desculpa para nossa recusa à vida. Ele diz: "Cabe exclusivamente a ti". E a solução que ele dá é: "Levanta-te em Deus!" Isso significa para mim: não olhe para as circunstâncias externas, que podem dificultar seu empenho. Olhe para Deus, e na confiança em Deus, simplesmente salte, ouse saltar na vida, na luta pelos seus objetivos. Não devemos apenas olhar para Deus, devemos saltar em Deus. Isso pode significar: com a ajuda de Deus. Mas pode significar também: saltando através de Deus, eu alcanço a realidade deste mundo. Através de Deus eu consigo enxergar a realidade deste mundo com outros olhos. Então, nenhum cidadão ou irmão mesquinho poderá me impedir em meu empenho. Em Deus eu reconheço que cabe a mim saltar ou permanecer sentado em minha poltrona do espectador eterno.

Conversei com um jovem que abandonou a escola no penúltimo ano do ensino médio. Ele fez um aprendizado como eletricista e depois como jardineiro, abandonando todos os cursos depois de um ano. Quando lhe perguntei por que tinha abandonado tudo, ele respondeu: "Os professores eram chatos, meu chefe era chato e toda a jardinagem era chata". Quando lhe perguntei pelo que pretendia fazer, ele respondeu: "Repórter de TV, mas apenas para corridas de carro". Eu lhe disse: "O mundo da TV também é duro. Lá você também terá de lutar. Você precisa decidir se pretende ficar para sempre no ninho de sua mãe e se queixar do mundo inteiro por ele não te dar a chance de provar suas qualidades, ou se você pretende saltar na vida e lutar. Se você lutar, se machucará. Não existe vida sem ferimentos".

Mas alguns preferem ficar no ninho e acusam o mundo de não lhes dar a oportunidade de realizar seus sonhos. Somos hoje uma geração de espectadores, e estes sempre sabem como os jogadores deveriam se movimentar no campo; ou os atores no palco, mas eles mesmos não sobem no palco, não entram no campo de futebol para se arriscar pessoalmente. Os espectadores deixam a vida passar; eles só assistem, mas não participam do grande jogo da vida.

Na véspera do Primeiro Domingo de Advento de 2013, o Papa Francisco usou essa imagem do espectador quando falou aos estudantes das universidades romanas. Ele lhes disse:

> Por favor, não assistam à vida da varanda de seus apartamentos! Intrometam-se – lá onde estão os desafios, lá onde pedirem sua ajuda para avançar a vida, o desenvolvimento, a luta pela dignidade do ser humano e a luta contra a pobreza, a luta pelos valores e todos os outros desafios que encontramos todos os dias (www.zenit.org, artigo de 03/12/2013).

O papa se coloca na situação dos estudantes. Ele reconhece que o dia a dia deles nem sempre é fácil, e diz:

"Quem não aceita desafios, não vive". Apela aos estudantes para que não permitam que seu entusiasmo jovem seja roubado. Ele lhes sugere que desenvolvam projetos de longo prazo e que transcendam as abordagens tradicionais. E então lhes dá uma explicação teológica: Aquele que unir a si mesmo e as suas habilidades ao poder do Espírito Santo deixa de ser espectador e passa a ser agente nos eventos.

A resposta de Jesus

Hoje muitos se perguntam: O que me faz bem? Como posso ser feliz? O que me faz feliz? Essas perguntas sempre giram em torno do próprio bem-estar. O paradoxo, porém, é que aqueles que sempre giram em torno de sua própria felicidade são os menos felizes, pois esperam a felicidade de circunstâncias externas. A experiência mostra que os mais felizes são aqueles que conseguem esquecer a si mesmos, que se entregam a outros e que buscam a felicidade dos outros. É disso que Viktor Frankl fala quando discorre sobre o sentido: algo pelo qual me empenho, algo que me faz esquecer de mim mesmo, algo que me transcende.

A Bíblia chamaria esse sentido, que é maior do que nós mesmos, de chamado. O ser humano possui um chamado, uma missão. Jesus envia seus discípulos para o mundo. Ele não lhes dá a missão de se sentirem bem e de cuidarem de si mesmos. Ele os envia ao mundo porque eles têm uma mensagem a proclamar. Nesse caminho, eles devem sim cuidar também de si mesmos e não se exigir demais. Quando uma casa não abrir as portas para eles, devem seguir viagem e sacudir a poeira de seus pés (cf. Mt 10,14).

Porém, o mais importante não é a preocupação consigo mesmos, mas a missão para a qual Jesus lhes envia. Não se trata de ficar se perguntando o tempo todo como eu estou, mas antes: Qual é o meu chamado? Qual é a minha missão neste mundo? O que quero fazer neste mundo? Para que me sinto chamado?

Jesus envia seus discípulos com esta missão:

> Ide às ovelhas perdidas da casa de Israel. Pelo caminho, proclamai que está próximo o Reino dos Céus. Curai os enfermos, ressuscitai os mortos, limpai os leprosos, expulsai os demônios. Recebestes de graça, dai de graça! (Mt 10,5-8).

Nem todos são chamados para serem médicos ou terapeutas, nem todos são chamados para serem profetas ou conselheiros, mas parte desse chamado existe em cada um de nós. Não vivemos no mundo apenas para nos instalarmos com conforto. Também somos enviados, somos enviados para aqueles que se perderam. Quando nos encontramos, quando entramos em contato com nosso centro, não devemos descansar, mas procurar aqueles que se perderam, que perderam seu centro, seus ideais, sua força, seu entusiasmo. Nossa missão consiste em partir e proclamar àqueles que encontrarmos em nosso caminho: "O Reino dos Céus está próximo". A proclamação não ocorre apenas por meio das palavras, mas também por meio de nossa aura. Devemos transmitir o fato de que nos orientamos por Deus, e não pelo próprio ego; que quem reina em nós é Deus, e não os nossos desejos, nosso desejo de reconhecimento e confirmação ou nosso desejo de poder e grandeza.

Creio que hoje usaríamos palavras diferentes daquelas que Jesus coloca nas bocas dos discípulos. Pois hoje ninguém entenderia se disséssemos: "O Reino dos Céus está próximo". Mas podemos dizer-lhes como podem encontrar sua essência verdadeira, sua liberdade interior; podemos lhes dizer como a vida só terá êxito se permitirmos que Deus entre em nosso coração e nele reine. Poderíamos expressar a missão também de forma mais generalizada: nossa missão consiste em ajudar às pessoas em seu caminho de autoprocura, em ajudar-lhes a interpretar e explicar seu caminho e encorajá-las, dizendo que elas podem encontrar o caminho para si mesmas, pois Deus encontrou o caminho para nós.

A ordem de curar os doentes, ressuscitar os mortos, limpar os leprosos e expulsar os demônios, hoje poderia assumir a seguinte forma: Nossa missão não consiste em ganhar o máximo de dinheiro possível ou em alcançar o degrau mais alto da carreira. Antes, deve partir de nós algo que cura, algo que encoraja as pessoas a se reconciliarem com seu passado. Nossa missão consiste em nos curarmos primeiro para então compartilhar essa cura com os outros. Quando alguém nos diz "Isso me fez bem, agora vejo com mais clareza", isso também faz bem a nós mesmos. Em momentos como esses experimentamos a felicidade. Fomos fiéis ao nosso chamado, por isso nos sentimos felizes. Não podemos ressuscitar os mortos no sentido literal, mas nossa missão também consiste em servir à vida. Ressuscitar a vida onde ela estarreceu, para que volte a florescer. Nós mesmos florescemos quando tudo em nossa volta floresce. Nossa missão é a de um jardineiro que faz com que as flores floresçam.

Limpar os leprosos pode significar hoje: aceitar as pessoas que não conseguem aceitar a si mesmas. Nem sempre é fácil tocar uma pessoa leprosa. Nós sentimos nojo; queremos nos proteger das pessoas insatisfeitas consigo mesmas, que não conseguem se aceitar e que preferem ficar lamentando que os outros não as aceitam.

Nosso chamado consiste em dizer sim a nós mesmos e, portanto, também sim às pessoas que não conseguem se aceitar. Recebemos a missão de Jesus de ir sem preconceitos ao encontro das pessoas, de tentar vê-las com os olhos da fé e de reconhecer nelas irmãos ou irmãs de Jesus. Quando as vemos com os olhos da fé, sem condenar ou julgá-las, aceitando-as incondicionalmente, essas pessoas também poderão acreditar em si mesmas.

Expulsar demônios poderia significar: alguém sente dentro de si o chamado de trazer clareza às situações. Para a Bíblia, os demônios são "espíritos turvos"; espíritos que turvam o pensamento. Quando acreditamos que nosso chamado seja pensar com clareza, pensar de forma que corresponda à realidade, nós expulsamos demônios, ajudamos para que também as pessoas à nossa volta enxerguem com mais clareza.

Os demônios são – como diz Fridolin Stier – os espíritos do "mas". E esses espíritos do "mas" impedem muitas pessoas de ousar sua vida. Em conversas, encontro muitos desses espíritos do "mas". Quando pergunto às pessoas onde elas identificam o sentido de sua vida e qual é a causa pela qual se empenham, surgem muitos espíritos do "mas" que lhes dizem: "*Mas* isso não é possível para mim. Meu caso é completamente diferente". "*Mas* existem muitas objeções a essa sugestão, a esse caminho. Muitos já se perderam nesse caminho. Por isso, ele não funciona para mim."

Os espíritos do "mas" se concentram nas objeções que sempre existem. Em todos nós existe a ansiedade de não desperdiçar a vida, mas de vivê-la. Porém em todos nós também existem os espíritos do "mas", que nos impedem de nos envolver com a vida. Jesus diz que precisamos expulsar esses espíritos do "mas", e ele mesmo os expulsou. Não é possível discutir com eles. Essas discussões não acabariam nunca, pois o "mas" impediria qualquer avanço no diálogo. Jesus quer expulsar nossos espíritos do "mas". Nossa missão também poderia consistir em identificar esses espíritos do "mas" nos outros e expulsá-los com poder. A pergunta é como fazer isso: expulsar os espíritos do "mas". Não adianta argumentar contra esses espíritos, pois eles responderiam a tudo com outros "mas". Só podemos expulsá-los incentivando as pessoas a seguirem o caminho que elas mesmas desejam seguir. Quando fazemos isso, os espíritos do "mas" ficam sem palavras, pois quando lhes perguntamos o que eles querem, reconhecem que, na verdade, não querem nada.

Eles só querem ser contra tudo, esquivar-se dos desafios da vida por meio de mais um "mas".

Cada um deveria se perguntar: Qual é o meu chamado? Qual é a minha missão neste mundo? O que desejo transmitir com minha vida? O chamado não precisa ser sempre algo extraordinário. Talvez meu chamado seja o de construir uma família como pai ou mãe e oferecer aos filhos apoio e proteção, amor e carinho. O chamado de outro pode ser transmitir confiança ao próximo. O terceiro sente dentro de si o chamado de realizar um projeto como o trabalho em um hospício, na assistência aos doentes ou dando aulas para filhos de estrangeiros. Ou talvez ele sinta o chamado de criar uma nova atmosfera de trabalho e uma cultura empresarial positiva. Outro vê seu chamado em encontrar as palavras certas como jornalista ou escritor para descrever a vida das pessoas e transmitir-lhes orientação e sentido. Onde quer que nos encontremos, sempre podemos encontrar uma missão para melhorar ou iluminar a atmosfera, para criar uma atmosfera melhor, de forma que as pessoas a nossa volta se sintam aceitas, reconhecidas e amadas.

Quando perguntamos pelo nosso chamado rompemos o ciclo narcisista, paramos de girar em torno de nós mesmos. Quando perguntamos pelo nosso chamado entramos em contato com nossa força, com nosso entusiasmo. E estas são forças que nos põem em movimento, que nos levam para a vida. No passado, a convicção de ter um chamado pôs muitas pessoas em movimento. Meus irmãos, que entraram no mosteiro nas primeiras décadas do século passado, sentiram em si o chamado de ir para a missão e lá proclamar a mensagem de Jesus. Esse chamado lhes deu uma força imensa. Graças à convicção de seu chamado eles conseguiram sobreviver a situações difíceis como pobreza, guerra, perseguição e outros perigos. Isso porque eles sabiam que estavam se expondo a esses perigos. Eles queriam proclamar o Reino de Deus e propagá-lo na África e na Coreia. Hoje, alguns irmãos não têm tanta certeza quanto ao chamado que sentem dentro de si quando entram no mosteiro. Muitos pensam mais no bem que lhes fará o ritmo de oração e trabalho e a comunhão na fé. Não há nada de errado nisso; é uma boa motivação de entrar num mosteiro. Mas isso não basta; eles também precisam sentir em si um chamado que os leva para além dessa sensação de bem-estar e para um trabalho que seja uma bênção para os outros.

Isso também vale para aqueles que não optam pela vida monástica. Quando escolhemos nossa profissão, não basta nos perguntar pelo que nos ajuda a sentir bem, quando encontramos um trabalho que nos dê muito tempo livre. Trata-se também de descobrir se nos sentimos chamados para determinada profissão. Chamado tem a ver com missão; Deus me chama para algo.

Os profetas do Antigo Testamento seguiram esse chamado, que nem sempre foi agradável; ele gerou conflitos, como vemos no caso do Profeta Jeremias, que até chegou a ser jogado numa cisterna porque pregou contra a política dominante e questionou as ilusões das pessoas. Mas o chamado que Jeremias ouviu dentro de si lhe deu a força e a esperança para sobreviver a tudo que seus inimigos fizeram contra ele.

Muitos, hoje em dia, sentem-se chamados a ajudar as pessoas como médico ou a acompanhar pessoas doentes como terapeuta. Outros se sentem chamados a ser engenheiro, para – como diz a palavra *"in-genium"* –, ao transmitir seu espírito às coisas, inventar e criar algo novo que faça bem a elas. Quem sentir esse tipo de chamado dentro de si se sente vivo; ele descobre em seu interior a força necessária para enfrentar as dificuldades do aprendizado e dos estudos, e também superará os obstáculos que o esperam no início de seu trabalho na empresa.

Aquele que reconhece um sentido em sua vida, aquele que descobriu o seu chamado, segue seu caminho com vigor. Outros que giram apenas em torno de seu bem-estar perdem sua força; eles giram constantemente em torno de sua doença, vão de um médico para outro. Já que a vida passa por eles, precisam de um substituto para a vida. E para alguns, o cuidado e a atenção constantes voltados para sua saúde se transformam em substitutos de uma vida não vivida. Mas esse girar em torno de sua saúde os deixa ainda mais doentes.

3 A contemplação equivocada

É principalmente em jovens espirituais que vejo uma dificuldade de se entregar à vida. Eles têm medo de serem absorvidos pelo trabalho e de não terem tempo para sua espiritualidade, para meditar ou levar uma vida contemplativa. Nisso percebo que seu conceito de contemplação é equivocado, pois acreditam que isso significa ter tempo para si mesmos, ter tempo para viver sem pressa. Mas o objetivo da contemplação é justamente abrir mão de si mesmo para que Deus tenha espaço em sua vida. A liberdade do ego é o destino de todos os caminhos espirituais, mas, para alguns, essa liberdade parece consistir no fato de nunca terem percebido um ego dentro de si.

O psiquiatra suíço Carl Gustav Jung acredita que na primeira metade da nossa vida deveríamos desenvolver um ego forte. O ego luta pela vida; ele se impõe; ele cria algo na vida. Na segunda metade da existência deveríamos soltar o ego, entregar-nos a algo maior, entregar-nos a Deus. Mas quem nunca construiu um ego não pode soltá-lo, e assim a contemplação que ignora o desenvolvimento do ego se transforma em uma recusa à vida.

Existe um velho provérbio do Padre do Deserto Antonius que diz:

> Quando você vê um homem jovem correndo em direção ao céu, agarre-o pelo calcanhar e coloque-o de volta no chão, pois isso não faz bem à sua alma.

Correr em direção ao céu cedo demais e saltar o terreno não leva para a vida; antes, significa fugir dela. Quando não queremos nos confrontar com a vivacidade do nosso corpo e da nossa alma, corremos em direção ao céu. No entanto, a tarefa da primeira metade da vida é confrontar a agressão, a sexualidade e a paixão da própria vida. Apenas assim também a vida espiritual poderá dar fruto.

Certa vez, um jovem homem me procurou. Ele estava ansioso para iniciar a vida monástica. Disse-me que era mais do tipo contemplativo, que conseguiria trabalhar no máximo três horas por dia. Então eu lhe disse que não seria aceito nem mesmo pelos trapistas, a Ordem de silêncio mais rigorosa da Igreja Católica, pois eles também trabalhavam seis horas por dia. Quando tentei me colocar no lugar do jovem, percebi: Ele não é capaz de viver; ele é incapaz de conquistar uma posição na vida. Contemplação é para ele um caminho de ter tempo para si mesmo; mas ele não aproveita esse tempo para meditar de verdade, para realmente se entregar a Deus. Em última análise, esse girar em torno de si mesmo é sinal de egocentrismo. De tanto soltar o ego, ele nem percebe o quanto alimenta esse ego. Aqui, a contemplação é um girar em torno de um si mesmo narcisista. Ele não encara a vida com seus desafios; antes, foge para uma forma supostamente mais elevada da vida. Ele se sente como algo especial, mas se recusa a enfrentar a vida concreta.

Para São Bento, o trabalho e a oração não são opostos. Em ambas as áreas, o objetivo é libertar-se do ego. Aceitar Deus e aceitar o trabalho visam à mesma direção; eu interajo, esqueço-me a mim mesmo.

O psicólogo húngaro Mihály Csíkszentmihályi reconheceu que o ser humano experimenta a felicidade apenas quando ele estiver fluindo, que ele só se diverte com o trabalho quando a energia dentro dele fluir. O psicólogo húngaro, que hoje vive nos Estados Unidos, cunhou para isso o conceito *flow*. Segundo ele, *flow* surge e ocorre sempre que eu me entrego a meu trabalho com dedicação, quando eu me esqueço no meu trabalho, quando solto meu ego e me concentro totalmente naquilo que me é dado como tarefa. Aquilo que hoje chamamos de *flow* foi chamado de "entrega" na literatura espiritual. Para São Bento, a entrega ao trabalho se encontra no mesmo nível da entrega a Deus na oração. Quando me identifico com aquilo que faço no momento, a energia flui em mim e eu experimento uma liberdade criativa.

A entrega ao trabalho me liberta do meu ego. Mas aquele que interpreta a contemplação como *ter tempo para si mesmo* não se liberta de seu ego. Sua espiritualidade se transforma em uma espiritualidade narcisista, que se expressa em conceitos exagerados de si mesmo. Acreditamos ser uma pessoa contemplativa nos colocando acima dos outros que se dedicam a trabalhos simples e não têm tempo para meditar.

A psicologia diz: a megalomania é a forma mais comum de viver seu próprio narcisismo. Muitas vezes o narcisismo tem sua origem no sentimento de abandono. Para recalcar a dor do abandono o ser humano se refugia em conceitos grandiosos de si mesmo. Ele acredita fazer experiências extraordinárias na contemplação. Para tanto, procura os mestres espirituais mais famosos, pois é apenas com eles que acredita poder conversar sobre suas experiências espirituais profundas. Os conselheiros comuns não entenderiam isso; apenas um mestre consegue entendê-lo.

Algumas pessoas com esse tipo de conceito também me procuram. Dizem que fizeram experiências espirituais tão profundas que não podem compartilhar com ninguém. Isso me faz sentir uma resistência interna, pois reconheço o narcisismo que está por trás disso. E quando converso com essas pessoas, percebo muitas vezes isto: na verdade, esse homem, essa mulher não é capaz de viver. Para não ter que encarar esse fato, passa a se sentir especial, como pessoa portadora de um dom espiritual extraordinário, com experiências espirituais que excedem a compreensão dos outros. Mas muitas vezes isso é fuga para a espiritualidade, porque não consegue dar conta da vida do dia a dia.

Atualmente o narcisismo é muito comum, e a contemplação oferece às pessoas narcisistas uma boa oportunidade de viver seu narcisismo, em vez de permitir que Deus as transforme. Uma pessoa narcisista é uma pessoa apaixonada por si mesma; trata-se de uma reação à falta de amor em sua infância. O mundo exterior é visto como ameaça, fazendo com que ela se retraia em seu interior. O paradoxo é este: essas pessoas perderam contato com seu ser verdadeiro e justamente por isso se ocupam tanto consigo mesmas.

Existe um amor-próprio saudável, mas existe também um amor-próprio doentio. O amor-próprio saudável permite que eu possa esquecer de mim mesmo, e esse é justamente o objetivo da contemplação. Quando sou capaz de esquecer-me, estou totalmente presente. O ser humano narcisista, porém, não consegue se esquecer, girando sempre em torno de si mesmo. Kernberg afirma: O amor próprio patológico

> se expressa numa autorreferencialidade excessiva (KERNBERG, p. 74).

Muitas vezes, essa autorreferencialidade vem acompanhada da falta de interesse por outras pessoas. Esse tipo de amor-próprio tem dificuldades de se colocar na situação de outros; ele gira em torno de si e deseja ser admirado o tempo todo.

Kathrin Asper, uma psicóloga influenciada pela psicologia junguiana, diz: Não é bom que pessoas narcisistas apliquem cedo demais o conceito junguiano do amadurecimento do adulto [*Selbstwerdung*], pois, para a pessoa narcisista, esse conceito é sedutor. Ela gosta de se aventurar

> nesse caminho elitista e espiritual à procura de seu ego (JOTTERAND, p. 18).

Assim, esse tipo de pessoa ignora e ultrapassa os desafios cotidianos, não querendo ser perturbada em seu mundo elitista.

Aquilo que Kathrin Asper afirma sobre a psicologia junguiana pode ser aplicado também ao caminho contemplativo, que pretende libertar a pessoa do ego. Mas para as pessoas narcisistas, ele oferece a oportunidade de se distanciar do dia a dia e de se aventurar na viagem elitista para experiências espirituais profundas e grandiosas. Porém, essa espiritualidade não leva à transformação, mas apenas ao reforço da estrutura narcisista. Isso lhes serve como justificativa para se esquivar das exigências concretas do dia a dia e do trabalho.

Quero ilustrar essa tentação de usar a espiritualidade como fuga para a "grandiosidade" e como recusa de se entregar à vida concreta com o exemplo da Santa Teresa de Lisieux. No início, ela cedeu a essa tentação, mas depois descobriu um caminho saudável da espiritualidade, que conseguiu curar suas feridas narcisistas. Em sua infância, Teresa experimentou um abandono profundo. Quando nasceu, sua mãe já sofria de câncer de mama, e assim, Teresa não pôde mamar no seio de sua mãe, sendo entregue aos cuidados de uma ama de leite. Mais tarde, ela voltou para a mãe, que faleceu três anos depois. Como criança, Teresa tentou recompensar esse abandono por meio da grandiosidade. Ela era a pequena rainha que conseguia controlar a toda a família; todos precisavam cuidar dela. Quando a grandiosidade como reação ao abandono falhava, Teresa reagia com depressões, que se expressavam numa recusa de sentimentos próprios, numa adaptação exagerada ou num recuo. Essas reações eram praticadas por Teresa principalmente fora de sua família; por exemplo, na escola.

Quando entrou na vida monástica, transferiu sua busca pela grandiosidade para a espiritualidade. No início, tentou seguir um caminho que lhe permitia fugir de seu abandono e de suas feridas. Ela imaginava Deus como cirurgião que curava suas feridas durante o sono. Por isso, acreditava precisar fazer nada, e suas fantasias grandiosas da infância se expressavam na ideia de ela ser a pequenina preferida de Jesus. Acreditava que, quanto menor ela ficasse ou se fizesse, mais rápido o elevador a levaria para o céu. Esse primeiro caminho, que ela chama de "pequeno caminho", deveria levá-la à santidade sem qualquer esforço de sua parte e sem a necessidade de confrontar suas dores recalcadas. Assim, não precisaria crescer; ela poderia, e deveria, permanecer pequena. Mas nessa abordagem sobre a "miudeza" percebemos a "grandiosidade" que Teresa havia expressado já em seu relacionamento com seu pai e suas irmãs. Ela era a caçula preferida que merecia o cuidado de todos, também de Jesus. Ela não precisava mudar; não era somente a "princesa do papai", mas também a "pequenina preferida de Jesus". Esse caminho demonstra tipicamente o perigo de querer compensar a personalidade narcisista por meio de uma espiritualidade grandiosa. Mas esse tipo de espiritualidade não cura, é apenas uma compensação para as próprias feridas.

Então Teresa descobre o caminho que realmente consegue curar seu narcisismo: o amor divino, que, como água, sempre procura o ponto mais baixo na alma humana. Isso libertou Teresa de seu girar em torno de si mesma, e assim ela entrou em contato com Deus; levou à presença dele todo seu ser, com seu abandono, sua escuridão e seu caos interior. Agora ela ousou se confrontar com sua verdade; agora não fugiu mais de si mesma, colocando-se acima dos outros; agora também encarou sua própria impotência, sua incapacidade de se tornar uma boa freira por força própria. Teresa entregou a Deus sua sensibilidade, sua vulnerabilidade, seu nervosismo e todas as suas fraquezas psicológicas e físicas, vivenciando o amor de Deus fluindo como água para as profundezas de sua alma. Agora, já não existe mais qualquer coisa separada de Deus; ela experimenta o amor dele justamente em suas fraquezas. Isso transforma suas fraquezas. Ela já não as usa para conseguir a atenção dos outros, mas cresce e se torna adulta porque entregou a Deus a sua própria verdade e permitiu que seu amor a penetrasse e transformasse.

Quando entregamos a Deus nossa impotência, nossos ferimentos e nossas dores, seu amor pode correr para as profundezas de nossa alma e lá penetrar e transformar tudo. Esse caminho da espiritualidade é curador e libertador ao mesmo tempo. Ele nos liberta da pressão de ter que provar nosso valor a Deus por meio de grandes obras e, assim, colocar-nos acima dos outros. Nesse "pequeno caminho", Teresa é solidária com todos os seres humanos. Ela sente as mesmas necessidades, o mesmo desespero e o mesmo abandono. Mas ela já não os usa para aliciar os outros; ela os entrega a Deus com sinceridade, e seu amor flui e os penetra. Isto é humildade verdadeira: a coragem de descer para as profundezas da própria existência para que todas as profundezas sejam preenchidas pelo amor de Deus, também aquelas regiões que não gostamos de mostrar a Deus porque contrariam a nossa autoimagem grandiosa. Agora Teresa passa a descobrir suas fraquezas no dia a dia: quando reage às suas irmãs com uma sensibilidade exagerada; quando fica impaciente, mal-humorada e agressiva; quando se desespera. Ela descobre suas fraquezas e as entrega a Deus para que Ele as inunde com seu amor. Jotterand escreve:

> A santa se sente preenchida pelo amor de Deus sempre que ela ousa encarar suas fraquezas. Esse sentimento lhe dá a coragem de usar as situações cotidianas para diminuir sua autorreferencialidade exagerada (JOTTERAND, p. 49).

Esse caminho de permitir que o amor de Deus inunde suas fraquezas, reveladas no convívio com suas irmãs, leva Teresa ao dia a dia. Ela já não usa mais a espiritualidade para fugir do cotidiano, mas para lidar com ele de forma nova. E essa espiritualidade lhe confere certa leveza e alegria. Teresa para de refletir sobre o sentido de seu mau humor, de sua irritação ou de seu nojo; ela simplesmente reconhece essas emoções e as abre para o amor de Deus. Isso confere à freira, que antes havia sido tão escrupulosamente mesquinha,

> a sensação de não errar mais (JOTTERAND, p. 49).

Se transferirmos essas experiências de Santa Teresa para nós mesmos, podemos dizer: existe uma espiritualidade que reforça o narcisismo por meio de conceitos grandiosos de si mesmo e das experiências místicas, mas também existe uma espiritualidade que cura o narcisismo. Jotterand escreve:

> Os narcisistas têm a tendência de referir tudo o que eles experimentam e vivenciam a si mesmos. Por isso, ficam magoados tantas vezes. O mau humor de seu parceiro, a chuva num dia de domingo, tudo é percebido como ato voltado contra eles... O narcisista transforma qualquer irritação insignificante em um drama enorme (JOTTERAND, p. 51).

O "pequeno caminho" significa que eu percebo minha irritação, minha sensibilidade exagerada, meu medo de ser abandonado, mas eu não me julgo por isso; não transformo isso em drama. Antes, aproveito esses sentimentos como oportunidade de deixar fluir o amor de Deus para dentro deles. Assim, sou libertado da minha sensibilidade doentia com o passar do tempo e recupero meu senso de realidade, participo do meu mundo. A espiritualidade me leva de volta ao dia a dia para encará-lo com a ajuda de Deus, em vez de fugir dele por meio de conceitos grandiosos.

No fim das contas, é isso que diz também a espiritualidade beneditina. Em sua regra, São Bento recusa esses conceitos grandiosos de espiritualidade; ele recusa grandes ideais para a sua comunidade monástica; ele conta com a possibilidade de conflitos e confrontos diários. Para São Bento, espiritualidade significa encarar os conflitos. No conjunto oração e trabalho – *ora et labora* – São Bento pretende arraigar a espiritualidade à terra, vinculá-la de forma concreta ao cotidiano. Espiritualidade significa entregar-se ao trabalho, ao próximo, a Deus. Nessa entrega eu me liberto do egocentrismo narcisista. Na entrega à realidade do convívio e aos conflitos no trabalho descubro minhas próprias fraquezas e sensibilidades. O trabalho me confronta com a verdade interior. Quando encontro no trabalho diário a minha própria verdade, posso permitir que o amor de Deus a inunde. Muitas pessoas que tanto falam de espiritualidade não se entregam nem a Deus nem ao trabalho; elas interpretam equivocadamente a contemplação como ter tempo para si mesmas. Mas a contemplação, em sua acepção correta, é um caminho de exercícios duros, mas que leva ao cotidiano e o transforma. Willigis Jäger não se cansa de ressaltar: o misticismo que não leva ao dia a dia é um desvio.

Há algum tempo venho encontrando pessoas que já experimentaram todos os caminhos espirituais considerados modernos. Praticaram a meditação zen; fizeram a terapia iniciática; fizeram peregrinações espirituais; praticaram exercícios no dia a dia... Porém não conseguem dar conta da vida. Às vezes, tenho a impressão de que elas impõem a si mesmas uma pressão espiritual; querem fugir de seus problemas por meio da espiritualidade, em vez de encarar os problemas e entregá-los a Deus. Elas usam a espiritualidade como caminho da grandiosidade, para não ter que encarar a mediocridade de sua pessoa e sua própria banalidade. No caminho espiritual se sentem como especiais; estão fazendo algo para si mesmas; não são tão banais quanto seus colegas de trabalho. Mas sua espiritualidade não as transforma, apenas as reforça em sua incapacidade de lidar com a vida. É preciso ter humildade e um raciocínio claro para reconhecer esses caminhos espirituais como desvios. O caminho espiritual não é ruim em si mesmo, mas a intenção com a qual o seguimos pode nos levar a uma direção errada, reforçando nosso narcisismo, em vez de curá-lo.

A resposta de Jesus

Encontro a resposta à contemplação equivocada no Evangelho de São Lucas. Esse Evangelho foi escrito aos comerciantes, latifundiários e artesãos gregos; ou seja, para a classe média grega. Ele ressalta que o Espírito de Jesus se expressa de forma bem concreta na vida diária. Quero mostrar isso com a ajuda de duas passagens.

No capítulo 16, Lucas reúne várias palavras de Jesus que remetem ao bom convívio com as coisas deste mundo:

> Quem é fiel no pouco também o é no muito, e quem no pouco é infiel também o é no muito. Se,

pois, não fostes fiéis às riquezas injustas, quem vos confiará as riquezas verdadeiras? (Lc 16,10-12).

Lucas traduz as palavras de Jesus para a mentalidade dos gregos. Para eles o terreno era o pequeno, o insignificante, o estranho; o grande era o essencial, o espírito, Deus. Mas no convívio com as coisas terrenas manifesta-se o nosso convívio com Deus, e da forma como lidamos e interagimos com as coisas terrenas e cotidianas depende também o nosso relacionamento com Deus. Não posso dizer: Eu rezo e medito, e ao mesmo tempo ignorar o dia a dia. Minha espiritualidade se manifesta justamente em minha capacidade de lidar de forma confiável, cuidadosa e atenta com as coisas cotidianas, com meu trabalho e com minha propriedade.

No capítulo seguinte Jesus conta uma parábola provocante, na qual Ele expressa sua compreensão de espiritualidade. Nessa parábola o Mestre fala de um senhor que possuía um escravo. Esse senhor espera que o escravo lhe prepare uma refeição quando este volta do trabalho no campo. Jesus encerra a parábola com a pergunta:

> Por acaso fica o senhor devendo algum favor ao escravo pelo fato de este ter feito o que lhe foi mandado? Assim, também vós, quando tiverdes feito tudo que vos foi mandado, dizei: "Somos escravos inúteis. Fizemos apenas o que tínhamos de fazer" (Lc 17,9-10).

A meu ver, isso é a resposta de Jesus a uma espiritualidade que se coloca acima dos outros e que se acredita grandiosa.

A filosofia chinesa diz: Tao é o ordinário. Para Jesus, espiritualidade significa simplesmente fazer o que devemos. Fazer o que devemos em determinado momento; fazer naquela ocasião o que devemos à pessoa que encontramos; aquilo que devemos a nós mesmos e a Deus.

Posso dizê-lo de forma ainda mais seca: espiritualidade significa fazer o que exige nossa atenção no instante. Ou seja, precisamos ser sensíveis àquilo que precisa ser feito no momento. Jesus conta essa parábola justamente aos fariseus, que corriam o perigo de fugir às exigências do dia a dia. A eles o Mestre responde:

> Pretendeis passar por justos diante dos outros, mas Deus conhece os vossos corações; pois o que é importante para as pessoas é abominável diante de Deus (Lc 16,15).

Aquilo que parece ser tão grandioso é, na verdade, algo terrível para Deus. No trabalho cuidadoso e confiável do dia a dia evidencia-se se estou permitindo que Jesus guie meu espírito ou se estou fugindo para a grandiosidade de ideias espirituais diante das coisas pequenas e aparentemente insignificantes do cotidiano.

Lucas ama oposições. Antes da parábola do escravo inútil ele inseriu uma palavra sobre a fé. Os discípulos pedem que Jesus fortaleça sua fé. E Jesus responde:

> Se tivésseis uma fé do tamanho de um grão de mostarda, diríeis a esta amoreira: "Arranca-te daqui e planta-te no mar", e ela vos obedeceria (Lc 17,6).

Essa palavra poderia facilmente nos seduzir para a grandiosidade. Podemos fazer mágica com a nossa fé, mas vivemos nesta tensão: de um lado está a fé capaz de transportar montanhas e arrancar árvores; de outro está a fé que prova seu valor na execução daquilo que precisa ser feito no momento, que se expressa na prática do ordinário. Apenas se suportarmos essa tensão é que conseguiremos viver no Espírito de Jesus.

4 Girar em torno de si mesmo

Um padre me contou que participou de uma conferência para padres, conselheiros e conselheiras. Já no segundo dia, ele se despediu, pois não suportava mais tanta lamúria. Ele tinha a impressão de que todos giravam apenas em torno de si mesmos; o mais importante era *eu* me sentir bem, *eu* não ter trabalho demais, *eu* ter tempo o suficiente para passear e assistir a concertos. Não percebeu qualquer entusiasmo pelo trabalho nem pelo caminho espiritual. Na atmosfera espiritual de um curso de aconselhamento, tudo o que ele encontrou foi o egocentrismo narcisista.

O que o padre me contou sobre o curso de aconselhamento eu mesmo vivenciei em alguns círculos de líderes de grupo. A única pergunta que importava era se nós estávamos nos sentindo bem, se nós estávamos tendo tempo o suficiente para nós mesmos. Dessa forma, não sobra energia para o grupo; nada de novo pode ser criado.

Durante os vinte e cinco anos de trabalho com os jovens sempre tentamos nos lembrar de que estávamos a serviço de Jesus. Não importava se nos sentíamos bem, mas em servirmos ao próximo; ajudar as pessoas a fazerem uma experiência com Deus, a submergirem no mistério de Jesus Cristo. Não ficamos falando o tempo todo sobre os problemas relacionais dentro da equipe, mas nos abrimos para os jovens que nos procuravam. Éramos uma equipe de dez líderes de grupo responsáveis por duzentos e cinquenta jovens.

Conheço equipes cujo número de membros é tão grande quanto o grupo de jovens que as procura. Essas equipes gastam tanta energia com seus próprios problemas relacionais, que os jovens passam a ser um peso. Mas assim não é possível fazer um trabalho produtivo, como também não é possível sentir prazer no trabalho. Nessas equipes os líderes dispensam muita energia consigo mesmos e não se abrem para as pessoas que realmente precisam deles.

Quando membros do clero me contam quanta energia gastam consigo mesmos, sempre tento compreender o que se passa no coração deles; não quero julgar nem condenar, mas compreender. Tenho a impressão de que pessoas que se entregam ao caminho espiritual ou optam por uma "profissão espiritual" tendem a ser tipos mais depressivos do que agressivos. Entrei na vida monástica há cinquenta anos com o objetivo de transformar o mundo, provocar alguma mudança. Na época, a "agressão" era uma fonte de energia importante; queríamos renovar a Igreja e proclamar a mensagem de Jesus em uma nova língua.

Hoje sinto falta dessa energia agressiva em alguns pastores de almas. Esse tipo de agressão tende a se expressar em insatisfação e em lamúrias sobre a hierarquia eclesiástica e as condições de trabalho insuportáveis, mas isso não leva a nada. A agressão dos depressivos se expressa em acusações contra os outros. Ela paralisa e cria uma consciência pesada; porém, não abre caminhos para o futuro.

Quando essa agressão positiva está ausente, giramos demais em torno de nossas próprias necessidades. Mas isso não nos faz sentir melhor. A psicologia nos diz que só consegue ser saudável a vida que flui; aquela pessoa que, satisfeita e feliz, se entrega, que permite o fluxo da vida. Fluir, porém, significa: não se agarrar a nada. Eu me entrego a algo; eu me solto; eu me jogo no rio da vida.

Percebo em algumas pessoas uma paixão por si mesmas; elas estão tão apaixonadas por seus hábitos e costumes, que não querem ser separadas deles. As condições que eu crio para mim mesmo para poder viver bem são tantas, que não sobra energia para o trabalho, que passa a ser visto como o oposto da vida. Mas é justamente quando trabalho, quando me entrego a um projeto, quando transformo algo, quando permito o fluxo de algo que eu me sinto vivo. Para algumas pessoas não é a imagem do fluxo que as orienta, mas a do descanso. No entanto, não se trata da ociosidade dos gregos, da *schole* na qual eles refletiam sobre as coisas essenciais da vida, na qual desenvolviam ideias criativas. Antes, dizem: "Deixem-me em paz". "Não quero ser perturbado em meus hábitos e costumes da vida."

Para aqueles que buscam apenas a sua tranquilidade, a mera interação com seus semelhantes já é vista como ofensa. Eles dizem: "Não posso ficar ouvindo o sofrimento dos outros". Mas ser pastor de almas significa exatamente isto: "Envolver-se com o sofrimento das pessoas". Quando eu me envolvo e interajo, minha vida começa a fluir. Eu me entrego a Deus, eu me entrego a pessoas e eu me entrego ao trabalho. É assim que consigo me libertar do meu ego; é assim que minha vida começa a fluir; é assim que eu me sinto vivo.

Em última análise, portanto, é um conceito falso de vivacidade que nos leva a desperdiçar a vida. Nós nos sentimos vivos quando temos tempo para nossos *hobbys*, para viagens, para o descanso. Mas viver tem a ver com fluir e florescer, e isso necessita de dedicação e entrega. Este é o paradoxo: quando nos esquecemos de nós mesmos somos capazes de ser aquilo que somos; nós nos tornamos realmente livres, vivemos no presente. Mas quando pensamos apenas em nós mesmos passamos a girar exclusivamente em torno de nós e nunca ficaremos satisfeitos, pois é entediante girar em torno de si mesmo. Ao fazer isso há um processo de "autocansaço", haja vista que ninguém é tão interessante a ponto de justificar essa atenção toda a si mesmo. Quem se esquece se realiza plenamente; não gira em torno de seu ego, mas imerge nas profundezas de sua alma, onde descobre o seu verdadeiro ser. Só consigo me entregar a uma pessoa quando consigo esquecer de mim mesmo, quando paro de pensar que, na verdade, preferiria estar ouvindo música ou meditando. Libertar-se do ego é o objetivo da vida espiritual, mas algumas pessoas espirituais parecem não querer perder sua vida – como Jesus nos desafia – mas sim salvarem "sua pele"; não querem que sua pele se molhe; não querem que ela sofra qualquer tipo de escoriação. A preocupação com a própria pele substitui o esquecimento, a perda, a entrega e a dedicação. Mas Jesus é inequívoco:

> Pois quem quiser salvar a sua vida vai perdê-la; mas quem perder a sua vida por amor de mim e pela causa do Evangelho, há de salvá-la (Mc 8,35).

A psicóloga Ursula Nuber escreveu um livro intitulado: *Die Egoismusfalle – Warum Selbstverwirklichung so oft einsam macht* (A armadilha do egoísmo – Por que a autorrealização nos deixa tão solitários). Nesse livro ela descreve que o girar em torno de si mesmo é a forma moderna do egoísmo narcisista. A razão disso não deve ser procurada apenas no passado, ou seja, em experiências de abandono, mas também no presente. A autora mostra que a "dominação do princípio da necessidade" seria a causa da preponderância de distúrbios narcisistas. Nuber afirma que a postura do "Eu quero tudo, agora" é típica do narcisismo tão propagado, que leva as pessoas a desperdiçarem sua vida e a girarem em torno de si mesmas.

> O mundo em sua volta consiste apenas de estímulos. Assim como são capazes de atender a cada apelo do mundo do consumo e de satisfazer imediatamente qualquer desejo, assim veem

também os seus próximos. Estes se transformam em objetos que podem ser usados e descartados de acordo com o humor atual (NUBER, p. 35).

Um jovem entrevistado por Ursula Nuber diz como isso se manifesta concretamente:

> Eu não converso com qualquer um, apenas com aqueles que podem me trazer algum proveito. Mesmo que seja apenas uma conversa agradável. Quando acredito que uma pessoa não me trará proveito algum, nem particular nem profissionalmente, não converso com ela (NUBER, p. 29).

Essa postura me leva a girar apenas em torno de mim mesmo. Eu deixo a vida passar, pois um encontro verdadeiro, capaz de me transformar, não ocorre; tudo é submetido às minhas próprias necessidades. Mas essas necessidades são insaciáveis, e sempre ficarei insatisfeito; nunca receberei aquilo que desejo.

O psicólogo Hans Schmid considera esse girar em torno de si mesmo como a verdadeira culpa do ser humano, ou seja, deixar a vida passar, errar a vida. A palavra grega *hamartia* significa exatamente isso: errar o alvo. Nesse Schmid escreve:

> Não existe culpa maior do que aquela em relação a si mesmo: de não ter vivido! Existem muitas possibilidades de justificação ou de atribuição de culpa; por exemplo: meu pai, minha mãe, meu parceiro, a Igreja, a sociedade, a profissão etc. Estas servem como álibi para fugir da verdade de que existe uma única pessoa que me foi confiada, pela qual apenas eu sou responsável: eu mesmo (SCHMID, p. 54).

O girar em torno de si mesmo pode ser a culpa verdadeira, mas também existe uma forma de girar ao redor de si: a constante autoacusação. Segundo Alfred Adler, o fundador da psicologia individual, as autoacusações constantes podem ser um caminho de superar os sentimentos de inferioridade e de se colocar no centro das atenções. A "infertilidade da consciência pesada" pode servir como desculpa para não "resolver os problemas reais da vida" (GOETSCHI, p. 123).

Os sentimentos de culpa nos levam a girar em torno do passado, para, assim, não precisarmos encarar os desafios do presente. Como resposta ao girar em torno da própria culpa, Adler sugere assumir a responsabilidade por si e a moldar a própria vida.

A resposta de Jesus

Vejo na cura do paralítico uma resposta de Jesus ao constante girar em si mesmo e também à autoacusação como forma espiritual peculiar desse modo de agir. Os quatro amigos que descem um paralítico numa maca pelo telhado até os pés de Jesus esperam que o Mestre o cure e lhe devolva a capacidade de andar. No entanto, Jesus diz àquele homem:

> Filho, os teus pecados estão perdoados (Mc 2,5).

Evidentemente, Jesus reconheceu que sua paralisia tem a ver com o seu pecado; não no sentido de que aquele homem tivesse violado os mandamentos de Deus, mas no sentido de que ele perdeu o alvo da vida, de que ele adquiriu a culpa de não ter vivido. Jesus lhe perdoa os *hamartiai*, as muitas formas de errar o alvo da vida.

Uma dessas formas poderia ser não ousar aquilo que me é possível por causa do meu perfeccionismo. Muitas vezes é o meu medo de cometer um erro que me paralisa, ou o medo de ser rejeitado se eu cometer uma gafe. Tentando escapar das exigências normais da vida eu me refugio em minha cama e permito que meus medos me prendam a ela.

Jesus transforma primeiramente a postura do doente, que precisa parar de errar a meta de sua vida; deixar de girar em torno de si mesmo, em torno da pergunta se ele possui a força para ficar de pé, se ele consegue fazer tudo corretamente, se ele consegue dar conta da vida. Todas essas preocupações que os clérigos expressaram no curso que mencionei anteriormente, se teriam bastante tempo para si mesmos se encarassem os desafios de sua profissão – todo esse girar em torno de si mesmo –, são descartadas por Jesus quando Ele diz: "Os teus pecados estão perdoados". Solte seu "errar o alvo". Eu o mando embora, é exatamente isso que significa "*aphientai*" ou "*dimittuntur*" = "perdoar, dar, mandar embora". Eu o liberto disso. Agora, enfrente a vida.

Apenas quando o paralítico se livra de sua postura errada consegue se levantar. Este é o segundo passo. Jesus diz ao paralítico:

> Levanta-te, toma a tua maca e vai para casa (Mc 2,11).

Uma paralisia sempre está vinculada a algum tipo de medo ou impedimento. O medo nos paralisa e bloqueia. Temos medo de passar vergonha na frente dos outros; temos medo de cometer algum erro, de sermos julgados ou condenados por outros. Assim, preferimos ficar deitados em nossa cama; permanecer em nossa passividade. Aqui, da cama, podemos observar tudo, e, como observadores, sabemos tudo melhor; julgamos os outros e vemos os seus erros. Nós mesmos, porém, não temos a coragem de nos levantar e de tomar a nossa maca.

A cama ou maca representa os bloqueios, os impedimentos e as inseguranças. Nós nos levantaríamos se soubéssemos disso: a partir de hoje estou seguro, tenho autoconfiança; a partir de hoje não suo frio quando tiver que falar à frente de outras pessoas, não tremo mais, minha voz não fica rouca, eu me apresento com grande autoconfiança.

Mas Jesus nos mostra outro caminho, ou seja, devemos nos levantar das nossas fraquezas, dos nossos impedimentos e bloqueios; devemos nos levantar *com* o nosso medo e nossa timidez. Podemos estar bloqueados e ser tímidos, podemos enrubescer e suar. Mas devemos nos levantar com nossa insegurança e nossa timidez; devemos tomar a maca da nossa timidez e simplesmente seguir nosso caminho.

Quando transformamos a timidez em uma fobia social e a tratamos com remédios, até conseguimos andar pelo mundo, mas perdemos nossa relação conosco mesmos. Estamos tranquilizados e isolados de nossas emoções.

O caminho indicado por Jesus diz: Levante-se, abandone a segurança de sua cama e ouse a vida. Tome sua maca. Não deixe se prender a ela. Leve-a consigo. Então você conseguirá seguir seu caminho.

Sempre encontro pessoas "que sabem tudo melhor". Elas já têm quarenta anos de idade, mas nunca se levantaram para ousar a vida; estão presas a seu papel de observadoras e justificam sua inércia criticando todos os que ousam fazer algo. Pensam que não vale a pena participar se todos os agentes da política, da economia ou do mosteiro giram apenas em torno de sua influência, e assim projetam os seus problemas sobre as pessoas ativas, sempre encontrando alguma razão para não se levantar de seu túmulo e interferir na vida, pois se elas se levantassem e se entregassem à vida, certamente se machucariam. No túmulo elas estão seguras; naquele lugar elas não podem ser feridas, pois já estão mortas. Elas preferem o silêncio do túmulo à vida, isto porque esta é sempre desafiadora, e quem se entrega à vida pode se machucar e perder. Porém quem não arrisca perder jamais vencerá.

5 Acomodar-se na metade da vida

Você pode desperdiçar sua vida não só na juventude, mas também na metade da vida. Muitos se acomodam na meia-idade. Eles conquistaram seu lugar na profissão; acostumaram-se a certo padrão de vida. Agora, basta continuar assim. Eles acreditam: Venci na vida. Alcancei minha meta. Agora, está tudo encerrado. Não preciso mais lutar.

Muitos, porém, nem têm a esperança de que algo novo poderia ainda vir; tudo deve permanecer como está. Essas pessoas estão fartas, e nada de novo parte delas. E elas mesmas também não refletem sobre o que ainda querem fazer com suas vidas. Diante disso fico com a impressão de que algo realmente parou na existência dessas pessoas:

Sua vivacidade chegou ao fim, e tudo o que lhes resta é "funcionar", deixar-se levar pela vida; mas, agindo assim, não vivem verdadeiramente, gastando toda a sua energia para defender a posição que conquistaram. Nesse grupo de pessoas há aquelas que ainda trabalham muito, mas já lhes falta visão de trabalho. Suas atividades apenas servem para abafar dúvidas, para não terem que perguntar se isso é realmente tudo o que querem da vida; se refugiam no trabalho apenas para não terem que enfrentar a pergunta pelo sentido: Para quem e para que faço tudo isso? Meu trabalho tem algum sentido? Ele é uma bênção para outros? Ou será que eu trabalho apenas para provar a minha importância?

O místico Johannes Tauler reconheceu essa sensação de fartura e satisfação espiritual já no século XIV e viu a espiritualidade como caminho para fugir dessa sensação de "barriga cheia". Ele acreditava que, muitas vezes, Deus coloca uma pessoa que se acomodou, que se instalou em sua profissão, que construiu uma casa e agora curte os lados bons da vida em situações difíceis para que ela volte a viver de verdade. Tauler faz uso da Parábola da Moeda Perdida:

> Se uma mulher tiver dez moedas de prata e perder uma, não acende a luz, varre a casa e procura cuidadosamente até achá-la? Quando a encontra, chama as amigas e vizinhas, dizendo: "Alegrai-vos comigo, achei a moeda que tinha perdido (Lc 15,8s.).

Ele compara Deus com uma mulher que procura algo. Deus procura no ser humano que se acomodou em sua vida – para o qual tudo está resolvido –, a moeda perdida, o centro perdido, a imagem perdida dele nessa pessoa, que se identificou com uma imagem que não corresponde à sua essência verdadeira.

São pessoas que se satisfazem com a imagem que transmitem em seu mundo: do homem respeitado ou da mulher satisfeita; do homem agradável que se dá bem com todo mundo; da mulher atraente que se aceita do jeito que é. Mas todas essas pessoas ignoram a imagem que Deus tem delas; desistiram de procurar.

Friedrich Nietzsche diz: "Procuro o homem", mas essas pessoas desistiram de procurar por si mesmas. Quando isso acontece, Deus age como a mulher que está à procura de algo; ela desloca os armários, levanta as cadeiras, tira os tapetes... para procurar a moeda perdida. Deus conduz essa pessoa acomodada para uma confusão, para uma crise, para uma necessidade interior. Assim, não lhe resta outra opção a não ser retomar sua procura. Deus atravessa com essa pessoa a sua confusão para levá-la até o fundo de sua alma, e lá Deus encontra a moeda, a imagem singular que Ele tem dela. E assim Deus estabelece um contato entre a pessoa e sua imagem singular.

Muitos entram em crise na meia-idade. Uma parte se levanta mais uma vez e segue o caminho. Outra parte, porém, recusa-se ao impulso de procurar em seu interior a sua verdadeira essência, satisfazendo-se com aquilo que já conquistaram. Simplesmente preferem viver num quarto com lindos móveis, recusando-se ao trabalho de limpar esse quarto para encontrar seu "centro interior". Poderíamos aplicar a essas pessoas a palavra que o Profeta Ageu dirige ao povo, que primeiro se preocupa consigo mesmo e não com a casa de Deus, com o santuário interior que existe em toda pessoa:

> É para vós tempo de habitar em casas revestidas de madeira, enquanto esta casa está em ruínas? (Ag 1,4).

Em vez de reconstruir o santuário interior, as pessoas se contentam em viver em casas bem-mobiliadas. Dessa forma a vida adquire o gosto da vaidade, que é expressado dessa forma pelo Profeta Ageu:

> Semeastes muito e colhestes pouco; comestes, mas não vos saciastes; bebestes, mas não matastes a sede; vestistes-vos, mas não vos aquecestes, e o assalariado coloca o salário em uma bolsa furada (Ag 1,6).

Isso é o retrato do ser humano que se acomodou na metade da vida. Ele trabalha muito, mas seu trabalho não dá frutos reais. Ele não traz bênçãos, nem para ele nem para as pessoas para as quais trabalha. Ele come, mas não se satisfaz; sua alma continua com fome. Ele bebe, mas não sente o êxtase da vida, não sente a vivacidade. E salário que recebe acaba é depositado em uma bolsa furada; ele se perde rapidamente. Esse ser humano nunca está seguro.

Creio que nosso tempo também precisa de profetas que despertem o povo com palavras semelhantes, da mesma forma como o fez o Profeta Ageu em seu tempo. Na época, as pessoas que voltavam da Babilônia pensavam: "Não podemos construir o templo porque somos pobres demais". O profeta lhes responde: "Vocês são pobres porque não constroem o templo".

Muitos dizem: "Não posso me dedicar à espiritualidade. Preciso primeiro ganhar meu pão de cada dia". "Não tenho tempo de me dedicar interiormente porque há muitas coisas a fazer exteriormente". Mas isso é uma desculpa. Agindo assim nós nos perdemos em coisas externas e não mantemos contato com nosso templo interior. Em decorrência, a vida perde toda sua alegria; nós nos acomodamos; tudo segue rotineiramente seu rumo. Na verdade, não vivemos, mas apenas sobrevivemos.

Pessoas que se acomodaram na metade da vida e que deixam a vida correr costumam passar esta impressão: "Tenho orgulho daquilo que consegui. Finalmente posso descansar um pouco". Porém elas descansam não só do trabalho, interrompendo também o seu desenvolvimento e se recusando a progredir e se desenvolver. Elas se transformam naquilo que a geração de 1960 chamou de "burguês", e isso tem uma história. Já no século XVII os estudantes zombavam dos "burgueses" e se referiam a eles como pessoas mesquinhas. Os burgueses eram os cidadãos armados, ou seja, eles acreditavam ter que defender sua cidade contra aquilo que lhes era estranho.

O burguês acredita que precisa se defender de qualquer coisa nova ou estranha. Ele parou de construir sua casa interior, e agora defende apenas o que já construiu. Essas pessoas giram apenas em torno de seus próprios interesses. Fundam iniciativas de cidadania. Porém não se interessam pelo bem-estar comum, mas apenas pelos próprios interesses. Querem que tudo fique como está; nada deve alterar seu horizonte e nenhum estranho pode perturbar seus círculos.

Às vezes eu me assusto quando vejo pessoas se estancarem na metade da vida. Delas não partem mais ideias novas; acomodam-se em sua riqueza, e todo o seu interesse se concentra em proteger seus bens. Tornam-se duras também com seus filhos, principalmente quando estes entram na adolescência. Muitas vezes, porém, esses filhos adotam o lado escuros dessas pessoas: recusam a vida para mostrar que seus pais são recusadores dela. Mostram a eles um espelho, mas poucos deles se dispõem a se reconhecerem nele. Os genitores preferem se queixar da inutilidade de seus filhos e jamais admitem para si mesmos e para os outros que deixaram a vida passar.

Muitas vezes, essa paralisia interior é camuflada por atividades externas. Correm de um "evento" para outro, querendo dar a impressão de serem pessoas que se interessam pelos muitos eventos oferecidos, pelas festas e por tudo o que esteja acontecendo. Mas, muitas vezes, sua alma está parada, estancada; perderam a vivacidade. Esta só poderia ser recuperada se aceitassem o desafio da metade da vida, isto é, seguir o caminho para dentro, descobrir um novo sentido para essa fase da existência e refletir sobre as marcas que pretendem deixar no mundo.

A resposta de Jesus

Imagino o mestre da lei que tenta envolver Jesus numa discussão sobre o caminho para a vida eterna, como representante típico da meia-idade. Ele conhece a vida, tem resposta para tudo, e sua pergunta a Jesus sobre o que ele precisa fazer para alcançar a vida eterna é puramente retórica. Isto é, quer testar a inteligência do Mestre; ver se Ele é coerente com sua própria teoria.

Mas Jesus se recusa à manobra do mestre da lei. Em vez de responder, Ele lhe faz uma pergunta:

> O que está escrito na lei? Como é que tu lês? (Lc 10,26).

Quando o mestre da lei responde com o mandamento duplo do amor, Jesus concorda, mas acrescenta algo que deixa o mestre da lei inseguro:

> Faze isso e viverás (Lc 10,28).

Não se trata de discussões teóricas, mas de ousar a vida. O mestre da lei se recusa a tomar esse passo em direção à realidade, querendo devolver a discussão no plano teórico. E assim ele pergunta a Jesus:

E quem é o meu próximo?

Jesus lhe conta a história do bom samaritano e lhe pergunta quem se mostrou mais próximo do homem assaltado pelos ladrões:

> Ele respondeu: "Aquele que teve pena dele".
> Então Jesus lhe disse: "Vai e faze tu o mesmo!" (Lc 10,37).

O mestre da lei preferia discutir sobre como alcançar a vida eterna e como amar ao próximo; ele queria permanecer no nível teórico. Mas Jesus não está conversando com ele para tratar de temas espirituais interessantes, e o encoraja: "Vá e faça o mesmo!" É difícil ignorar uma palavra assim. Não é possível refletir sobre ela, mas pô-la em prática.

Jesus desafiou as pessoas e também quer nos desafiar: "Vá e faça o que ouviu. Faça aquilo que você entendeu. Pare de ficar pensando sobre como poderia ser uma vida espiritual ou sobre como deveria se comportar no mundo. Vá e seja o mais próximo dos seus próximos. Aja com misericórdia com aqueles que foram assaltados e agora estão largados à beira da estrada. Não os ignore como o sacerdote e o levita. Pare, cuide da pessoa ferida ao seu lado e trate suas feridas com azeite e vinho. Depois leve-a até a pensão, onde ela poderá descansar e se curar".

Os evangelistas descrevem outra situação semelhante a esta. Nela, um homem também pergunta como ele pode alcançar a vida eterna. Jesus também o remete aos mandamentos. O homem responde que já os cumpre. Imagino esse homem também como representante típico da meia-idade. Ele tentou viver corretamente, acomodando-se só ao mundo exterior, mas também em sua espiritualidade. Ele tentou ser correto em tudo e cumprir todos os mandamentos de Deus, mas sente em seu coração que algo ainda lhe falta. E assim,

> Jesus olhou para ele com amor e disse: "Só te falta uma coisa: vai, vende tudo o que tens, dá o dinheiro aos pobres e terás um tesouro no céu. Depois, vem e segue-me" (Mc 10,21).

Jesus sente nessa pessoa o desejo de avançar, de não se satisfazer com os mandamentos que já cumpriu; que deve haver mais na vida. Jesus acredita que esse homem é capaz de fazer algo extraordinário, de vender tudo o que possui e de dar o dinheiro aos pobres. Isso não é uma exigência válida para todos, mas Jesus sente que essa radicalidade corresponderia à essência desse homem; seria o caminho em que sua vida traria frutos. Mas o homem segue seu caminho triste, porque possuía muitos bens. Não consegue aceitar o desafio de Jesus. Ele tem dentro de si um impulso de viver de forma mais radical e autêntica, mas lhe falta a coragem de obedecer ao impulso. As consequências disso são a tristeza e a depressão. Às vezes, a depressão é um sinal de que não seguimos nosso próprio impulso. Nós nos recusamos à vida, e por isso nossa alma se revolta com a depressão. Nesse sentido, a depressão seria um convite para ousar a vida e não permitir que as vozes medrosas nos impeçam de viver.

Mateus explica a exigência de Jesus em relação à perfeição. Quando alguém deseja fazer mais do que o normal, quando quer participar da essência de Deus, a venda de seus bens é um bom caminho. Assim, a pessoa se torna livre para Deus, que pode reinar na vida dela. A explicação de Marcos visa mais à qualidade especial deste homem. Cada pessoa é singular e precisa abrir mão de algo diferente para que possa se transformar naquilo para o qual foi predestinada. Algumas delas precisam aprender a abrir mão de suas posses, pois estas podem possuir essas pessoas e torná-las possuídas. Podemos dizer que essas pessoas podem ser definidas apenas pelo que possuem.

Também há uma categoria de pessoas que precisam abrir mão de um velho hábito. Elas deixam a vida passar porque não conseguem se imaginar vivendo em outro lugar ou abrindo mão de velhos costumes ou relacionamentos. Agarram-se ao velho e assim desperdiçam a vida, que sempre lhes traz algo novo. Outras deixam a vida passar porque insistem em permanecer nas condições em que vivem: o belo apartamento, as férias anuais, a proximidade dos amigos etc.

Alguns impõem tantas condições à sua vida, que esta os sufoca. As muitas garantias e medidas de segurança impedem que algo novo aconteça. Mas a vida tem a ver com crescimento e novidades, pois uma vida que se orienta apenas pelo passado não merece esse nome; a vida sempre deseja se voltar para o futuro.

6 Pessoas idosas que não viveram

Quando converso com pessoas idosas, muitas me dizem: "Nunca vivi de verdade". Uma senhora com oitenta e seis anos de idade me contou: "Eu sempre me adaptei. Mas nunca vivi de verdade. Tudo era tão mesquinho. Nunca ousei realizar os sonhos da minha vida. Eu tinha medo de que não conseguiria. Assim me contentei em 'funcionar'. Tentei exercer minha profissão da melhor forma possível, mas minha vida não me permitiu mais do que isso. Agora estou velha e sinto: 'Nada tem valor. Eu não vivi'".

Sinto dor dentro de mim quando ouço uma pessoa idosa dizer: "Eu não vivi". Então, tento responder: "Nunca é tarde demais para começar a viver. Reconheça o valor daquilo que você viveu, mesmo que tenha a impressão de não ter sido a vida verdadeira. Mas pelo menos conseguiu chegar a essa idade. De alguma forma, você conseguiu dar conta da vida. Sinta tristeza por aquilo que não conseguiu realizar, mas seja grato pelo que conseguiu conquistar. Tudo aquilo que viveu lhe permitiu chegar a essa idade. Se você se reconciliar com sua biografia – mesmo que ela não corresponda àquilo que imaginou – poderá deixar sua marca neste mundo, ainda *hoje*. Então, o rastro que deixar no mundo pode ser de reconciliação e de gratidão. Assim, poderá transmitir esperança a pessoas que sentem o mesmo que você".

Conheci algumas pessoas idosas que, apesar de sua idade, haviam começado a viver de forma mais consciente. Tentaram se reconciliar com a mediocridade de sua vida. E então suas vidas passaram a ser uma bênção. Outras pessoas passaram a procurar manter contato com elas. Quando pessoas idosas desse tipo participavam dos meus cursos, eu pude ver como os outros participantes prezavam sua presença. Com mais de oitenta anos de idade, ainda tiveram a força e a coragem de fazer experiências novas, não apenas de ouvir uma palestra, mas de participar dos exercícios e da conversação com outras pessoas. Para aquelas que estavam se aproximando dos sessenta anos isso era um sinal de esperança; viram pessoas idosas vivas e vigorosas. Justamente pelo fato de não se sentirem fartas, de acreditarem que ainda não haviam vivido de verdade, elas se mantinham à procura da vida, e isso bastou para influenciar os outros com sua vivacidade.

Mas também conheço pessoas idosas que permanecem presas em sua vida perdida e não vivida. Elas se queixam de seu passado; acusam outros e os culpam por não terem permitido que vivessem sua vida; culpam seus pais por não terem permitido que saíssem de casa; sempre tiveram que cuidar dos pais. Porém, quando acuso meus pais acabo acusando a mim mesmo; eu me rejeito. Melhor seria lamentar o fato de eu não ter seguido meu caminho, mas de ter permanecido na prisão da casa dos meus pais. Mas devo reconhecer também o fato de ter cuidado dos meus pais, o fato de tê-los suportado e de ter entregado minha vida a eles.

Algumas mulheres acham que dedicaram sua vida apenas aos filhos, mas que eles não lhes são gratos por isso. Antes, continuam lhes fazendo exigências, pedindo dinheiro e apoio, em vez de assumirem a responsabilidade por suas próprias vidas. Outras mulheres dedicaram suas vidas ao marido para que ele pudesse exercer sua profissão e fazer carreira. Depois ele sumiu e ela ficou para trás, com o sentimento de ter vivido à toa, de ter se dedicado ao marido em troca de nada.

Encontro também muitas pessoas idosas que no pós-guerra não tiveram a oportunidade de estudar ou de aprender a profissão que tanto queriam. Elas trabalharam para suas famílias, para que estas pudessem sobreviver, mas elas mesmas não receberam nada em troca. E existem pessoas que reconhecem de repente: "Investi toda a minha vida em meu sucesso, mas este é frágil. Deixei de cuidar de mim mesmo. Nunca tive a coragem de viver de verdade". Quando as pessoas reconhecem isso reagem com tristeza e dor. E é importante não recalcá-la, pois apenas se elas submergirem na dor quando sentirem tristeza pela vida não vivida, essa dor pode se transformar em vida e elas se reconciliarem com o seu passado.

No luto nós mergulhamos na dor, mas não permanecemos presos nela. Nós a atravessamos até alcançarmos o fundo de nossa alma, e lá encontramos a paz interior; a imagem singular que Deus criou para cada um de nós. Muitos não têm coragem de atravessar a dor; eles a repassam para o seu mundo, lamentando-se e entregando-se à autocomiseração ou culpando outros por sua miséria. "É por causa dos outros que eu não consegui viver a minha vida. Mas assim eu me isolo, porque ninguém gosta de ouvir lamúrias e acusações o tempo todo. Desse modo, minha situação se torna cada vez mais insuportável. Falta-me a coragem de passar pela fase de luto pela minha vida não vivida e não consigo transformá-lo em vivacidade. Permaneço preso, deixo a vida passar, porque culpo os outros por minha situação".

Pessoas idosas também podem esconder uma vida perdida por trás de atividades. Elas combatem seu tédio por meio de muitas atividades externas, mas se recusam àquilo que precisa ser feito na idade: reconciliar-se com o passado, adquirir a generosidade e a sabedoria da idade, suportar a solidão e o fato de não ter utilidade para a sociedade. Aquele que se reconcilia com seu passado exala vida; ele não a desperdiça, mesmo quando tem poucos conhecidos. Nós gostamos de encontrar pessoas assim; sentimos a vida que existe nelas.

Outros, porém, se isolam em sua solidão; não saem mais de casa; não tomam nenhuma iniciativa, mas esperam que seus filhos e netos os visitem. Já que eles mesmos não vivem mais, esperam que outros preencham sua casa com vida. Netos podem despertar uma nova vida nos avós, mas apenas se estes estiverem dispostos a se entregar e interagir com eles. Então, esses avós florescem e descobrem novas energias dentro de si, dando confiança aos seus netos e os acompanhando em seu caminho. Mas se eles usarem seus netos para mascararem seu próprio congelamento, isso será um abuso contra eles, que perceberão imediatamente se eles são bem-vindos e podem ser como são ou se servem apenas para preencher a falta de vivacidade dos avós.

A resposta de Jesus

Quando procuro na Bíblia uma resposta à vida perdida e não vivida de pessoas idosas, lembro-me da história da cura da mulher que sofria de hemorragia. Essa mulher se exauriu, querendo ser vista, e fez de tudo para isso. Mas ela só piorou, perdendo todas as suas forças. Todo sangue e toda vivacidade fugiram de seu corpo. Ela consultou todos os médicos na esperança de encontrar alguma ajuda, mas só foi piorando.

Também vemos isso em algumas pessoas idosas. Elas vão de um médico a outro. Já que seu desejo de atenção não é satisfeito pelo marido, pela esposa ou pelos amigos, elas procuram a atenção do médico. Mas isso não dá certo, pois o médico as vê apenas como pacientes, mas não como homem ou mulher singular que é.

São sobretudo as mulheres que costumam dar tudo de si, dedicando suas vidas à família, aos pais. Mas agora sentem que não têm mais forças. Justamente agora, quando elas mesmas precisam de ajuda e atenção ninguém se oferece. Isso deixa algumas mulheres amarguradas.

O primeiro passo na cura da mulher com hemorragia consiste em ela tomar algo para si. Ela já deu o suficiente em sua vida; agora cria coragem para tocar o manto de Jesus. E imediatamente a hemorragia cessa. Muitas pessoas idosas sentem que deixaram a vida passar porque sempre deram, mas nunca tomaram algo para si mesmas. Se dar as fez felizes não há nada de errado com isso. Mas quando dão exigindo inconscientemente algo em troca, elas sempre acabam perdendo, e então passam a experimentar algo como a mulher com hemorragia; elas ficam cada vez mais fracas e doentes.

Jesus olha para a mulher. Ele a percebe como mulher singular e lhe diz:

> Filha, a tua fé te curou. Vá em paz (Mc 5,34).

Depois de sua cura a mulher gostaria de ficar na presença de Jesus. Mas ela deve partir, ir embora, mas não de qualquer jeito, e sim com a postura da paz. A tradução latina diz: *"Vade in pace"*. Isso significa seguir o seu caminho com a postura da paz. O texto grego, porém, diz: *"Hypage eis eirenen"*, que significa: "Entre na paz". Quando você sair da minha presença, entre na paz. A paz a espera, mas você precisa ter a paz diante de seus olhos para que possa entrar nela. O destino do seu caminho é a paz. Entre na reconciliação consigo mesma e com a vida.

Jesus diz à mulher: Na cura, você experimentou a paz. Agora, continue a entrar cada vez mais nela. Ela não lhe foi dada uma vez por todas. Você precisa mergulhar nela, lançar-se nela. Chega de ir de um médico para outro. Entre agora na paz, na harmonia e na reconciliação consigo mesma.

Se ela entrar na paz também será satisfeito o seu desejo de reconhecimento e atenção. Ela se volta para si mesma e se aceita. Assim, poderá aceitar com gratidão também a atenção e o carinho que receber de outros, em vez de ficar lamentando que não estaria recebendo o suficiente.

Muitas vezes as pessoas idosas que acreditam ter deixado a vida passar caem em depressão, que é expressão da vida não vivida. Em vez de lamentar a vida não vivida, elas se refugiam na depressão, na qual fecham os olhos diante da vida perdida.

Encontramos a resposta que Jesus dá a esses olhos fechados na cura do cego nas proximidades de Betsaida. O Mestre o cura tirando-o do povoado para ficar a sós com ele. Então passa o próprio cuspe nos olhos do cego.

Trata-se de um gesto maternal. A mãe não julga. Jesus não julga a cegueira, Ele não julga a depressão do homem idoso. Apenas toca seus olhos com carinho, para que ele encontre a coragem de abri-los e olhar para sua vida não vivida. Mas Jesus faz isso em duas tentativas. Na primeira delas o cego vê os seres humanos apenas como árvores, como sombras. Mas na segunda tentativa o cego tem a coragem de encarar a realidade. Então Jesus manda-o voltar para casa, mas lhe diz:

> Nem penses em entrar no povoado (Mc 8,26).

Ele não deve ir para onde será admirado, mas seguir seu caminho sozinho, para que possa se acostumar com seu novo modo de ver.

Viver sua vida também significa, muitas vezes, percorrer parte do caminho sozinho, pois quando se vive sempre na companhia de outros é possível se tornar dependente de seu modo de viver. Jesus abre nossos olhos para que possamos ver a vida com eles mesmos. Para que não percamos esse novo modo de ver é importante não entrarmos no povoado, não buscarmos a companhia dos outros. Encontrar o caminho para a vida é sempre uma tarefa minha. E para tanto preciso de períodos de isolamento e reflexão. Mas, no fim, preciso simplesmente andar: seguir o caminho que me leva à vida. E isso significa: nunca é tarde demais para seguir o meu caminho. Mesmo que tenha deixado a vida passar até agora, posso começar a caminhar pela vida com olhos abertos e encontrar meu próprio caminho. Posso tentar deixar neste mundo o meu rastro.

Ao outro cego, ao mendigo cego Bartimeu, Jesus diz:

> "Vai, tua fé te curou!" No mesmo instante ele começou a ver de novo e se pôs a segui-lo pelo caminho (Mc 10,52).

Certamente, o cego gostaria de ter sido curado quando Jesus o tocou. Mas Jesus não o toca; Ele o manda seguir seu caminho. A cura ocorre quando aquele homem começa a seguir seu caminho.

Essa é uma postura completamente estranha àqueles que deixam a vida passar, pois eles querem se garantir. Primeiramente desejam receber a confirmação do médico e do psicólogo de que estão curados. Então, começarão a planejar sua vida aos poucos. Mas o caminho de Jesus é o contrário: Ele ordena que o cego siga seu caminho, e quando o homem se põe a caminhar é que o Mestre lhe diz que está curado. Hoje, muitos não ousam dar um único passo na vida sem ter todas as garantias de que serão bem-sucedidos. Jesus acredita que o cego consiga dar os primeiros passos, mesmo sem ver qualquer coisa. E no momento em que aquele homem ousa dar um passo, ele é curado.

Caminhar tem a ver com fé. Também vemos isso na história de Abraão. Deus ordena que ele saia de sua pátria e de sua cidade. Abraão é exemplo da fé como aquele que parte. Quando Jesus diz ao cego Bartimeu: "Vai, tua fé te curou!", isso pode significar também: Andando, você crê. Seguindo seu caminho você avança cada vez mais na fé. Caminhar e crer andam juntos; um fortalece o outro.

A fé me dá a confiança para partir. E ao caminhar, minha fé e minha confiança aumentam. Isso se expressa também na palavra que Jesus diz ao samaritano, que, como único dos dez leprosos curados, volta para o Mestre e se prostra diante dele para agradecer-lhe pela cura:

> Levanta-te e vai! (*anastas poreuou*). Tua fé te salvou (Lc 17,19).

Eu experimento a fé quando me levanto e começo a caminhar, e assim consigo seguir meu caminho com fé e confiança. Jesus também acredita que a pessoa idosa, que não para de se culpar por nunca ter vivido de verdade, seja capaz disso. Ele acredita que ela possa ser curada como o leproso, ou seja, que ela consiga se aceitar, que ela consiga aceitar sua biografia e sua vida não vivida. A partir do momento em que aceito tudo isso, a vida se transforma e eu começo a viver de verdade, a seguir meu caminho pessoal.

7 Eu perdi algo

Em conversas, ouço muitas vezes: "Perdi algo importante". Existe, de um lado, o medo dos jovens de perderem algo. Poderiam perder este ou aquele evento. Quando seu amigo ou sua amiga lhes contam que esteve na Austrália e como isso foi bom, eles acreditam que também precisam ir para a Austrália; precisam imitar e repetir o que os amigos fizeram. Eles nem se perguntam se aquilo corresponde à sua sensação interior. Acreditam que perderão algo se não fizerem a mesma viagem. Quando alguém lhes fala de um novo esporte "superlegal" eles compram logo todo o equipamento necessário para a prática daquele esporte. Querem fazer parte; não querem ficar para trás.

Esses jovens precisam imitar tudo o que veem na TV ou na internet, tudo o que hoje é considerado moderno. Caso contrário, eles acham que perderam algo importante. Sempre precisam estar onde acontece algo extraordinário. Eles impõem a si mesmos uma pressão de participar disso e daquilo que os outros contam. Mas de tantas experiências externas que eles não querem perder, acabam deixando a vida passar, perdendo o essencial dela: realizar a sua essência e deixar seu rastro no mundo.

Também há arrependimento de ter perdido algo importante. Na metade da vida, algumas pessoas reconhecem: "Eu perdi a minha infância. Nunca pude ser criança. Tive que assumir responsabilidade desde cedo. Tive que assumir o lugar da mãe ou do pai ainda pequeno. Isso foi um peso grande demais para mim. Não pude gastar meu tempo brincando despreocupado. Em vez de encontrar segurança nos braços da minha mãe, eu tive que cuidar dela. Em vez de me apoiar no pai, ele me usou para satisfazer seu desejo de intimidade".

Outras pessoas reconhecem: "Fui muito subordinado na minha juventude. Perdi a adolescência. Perdi a chance de lutar pelo meu próprio caminho. Preferi seguir o caminho confortável. Assim, perdi a chance de conquistar a independência dos meus pais, de revoltar contra eles para encontrar minha própria identidade. Eu dei mais importância à segurança material. Agora percebo que não passei por uma fase de desenvolvimento importante na minha vida". Algumas pessoas passam a impressão de quererem recuperar sua adolescência aos cinquenta anos de idade. Muitas vezes, isso é vergonhoso.

Essas pessoas costumam dizer: "Fiz a faculdade que meus pais escolheram para mim. Eu nem tentei descobrir se aquilo era o certo para mim. Eu não senti paixão pelos estudos, quis apenas seguir o caminho da menor resistência. E fiz o mesmo quando escolhi minha profissão. Permiti que a vida me levasse ou que meus pais impusessem sua vontade. O que eles diziam parecia sensato. Não dei ouvidos à minha voz interior, mas perdi a chance de construir os trilhos que levassem meu trem na direção que eu queria".

Um homem com a idade aproximada de cinquenta anos acredita ter perdido sua família. Viveu apenas para o trabalho. Ignorou a esposa e suas necessidades; entregou a ela a responsabilidade de cuidar dos filhos. Perdeu a chance de acompanhar seus filhos durante seu crescimento. Agora, as crianças não precisam mais dele; nunca pedem seu conselho. Ele sente que perdeu algo essencial em sua vida. De tanto trabalho, perdeu a vida, o convívio, a paternidade.

Em seminários de liderança vejo com frequência mulheres que fizeram uma grande carreira. Demonstraram suas habilidades e obtiveram grandes sucessos. Mas agora elas têm trinta e cinco ou trinta e oito anos de idade, e dizem: Perdi a chance de construir uma família. Sempre quis ter filhos, mas agora já parece ser tarde demais para isso. Não consigo sair do moinho da carreira profissional. Perdi o momento certo de fundar uma família. Isso lança muitas mulheres com mais ou menos quarenta anos de idade numa crise profunda. Perderam fases importantes da vida porque se concentraram demais no trabalho.

Muitas vezes a sensação de ter perdido algo surge quando falece uma pessoa querida. Morre a mãe, e a filha ou o filho têm esta impressão: "Perdi a chance de lhe dizer o que ela significava para mim. Perdi a chance de lhe perguntar como ela conseguiu vencer na vida, como foram sua infância e juventude. Ela levou para o túmulo muito conhecimento que poderia ter compartilhado comigo. Mas eu deixei passar a oportunidade de falar com ela sobre coisas importantes da vida. Perdi a chance de conversar com ela sobre minha infância, sobre os problemas que enfrentei. Gostaria de saber como ela vivenciou tudo isso, quando eu me senti solitário e ignorado. Talvez ela estava ocupada demais consigo mesma. Mas agora só me resta especular sobre o que poderia ter sido. Perdi a chance de conversar sobre a vida dela e a minha".

Uma mãe chora a morte de seu filho, vítima de acidente de carro aos trinta anos de idade. O que mais lhe dói é não ter falado com ele sobre as coisas que o comoviam. Ele vivia em outra cidade. Às vezes eles se comunicavam por telefone, mas ela sente: "Na verdade, eu não sabia o que o interessava, com o que ele se ocupava em seu interior. Dei-lhe pouca atenção, interessei-me pouco por aquilo que acontecia dentro dele".

A morte tem algo definitivo. Ela nos mostra o quanto perdemos e deixamos passar no convívio com as pessoas que amamos. Vivemos com elas ou ao lado delas, mas não falamos sobre aquilo que preenche nossos corações. Muitas vezes permanecemos na superfície. Quando alguém morre, surgem sentimentos de culpa. De repente, nós nos damos conta das muitas coisas que poderíamos ter feito ou dito, mas que nunca fizemos ou dissemos. Mas culpar-se constantemente por ter perdido essa oportunidade não ajuda. Devemos lamentar o fato de ter perdido isso ou aquilo, mas devemos usar a lembrança dessas perdas como advertência, como incentivo para vivermos de forma mais consciente e atenta. Outra possibilidade é escrever uma carta ao filho falecido, ao pai, à mãe, dizendo-lhe tudo o que não lhe disse em vida. "Eu escrevo uma carta ao falecido e lhe digo tudo o que me pesa no coração." Para muitos, esse exercício é uma grande ajuda para superar seus sentimentos de culpa. Quando escrevem, percebem que nunca é tarde demais para recuperar algo perdido. Ao mesmo tempo, esse exercício nos ajuda a sensibilizar para o futuro e a expressar aquilo que sentimos no coração.

Em meio ao luto pela morte de seu pai uma mulher reconheceu que ela havia perdido a oportunidade de reatar seu relacionamento com ele, reconciliando-se. Deixara passar também a oportunidade de falar com ele sobre aquilo que havia sido o conteúdo de sua vida, a essência de sua vida e por que ele havia agido daquela forma. Mas agora ela não pode mais falar com ele. É importante chorar por aquilo que perdemos, mas é necessário aproveitar o luto para um novo começo. Posso me ocupar com meu pai ainda agora. Evidentemente, a dor de não ter conversado com ele sobre isto ou aquilo sempre virá à tona, mas preciso aceitar essa dor e seu convite de me ocupar com meu pai na medida do possível.

A resposta de Jesus

Quando procuro uma resposta de Jesus nos evangelhos à sensação de ter perdido algo, lembro-me de duas parábolas.

A primeira é a Parábola dos Trabalhadores na Vinha. Pela de manhã, o dono procura trabalhadores para sua vinha. Ele volta à feira várias vezes à procura de trabalhadores: por volta da terceira hora (às 9 da manhã), por volta da sexta hora (às 12 horas) e por volta da nona hora (às 15 horas). Ele volta uma última vez na décima primeira hora do dia (às 17 horas). Faltando uma hora para encerrar o dia de trabalho ele encontra alguns homens à toa.

> "Como é que estais aqui sem fazer nada o dia todo?" Eles lhe responderam: "Porque ninguém nos contratou" (Mt 20,6s.).

Essas pessoas deixaram sua vida passar porque ninguém quis contratá-las. Ninguém lhes deu um trabalho, e elas eram passivas demais para procurar algo no qual pudessem se ocupar. É uma bela imagem para pessoas que deixam a vida passar. Fico à toa, esperando que alguém peça algo de mim. Eu mesmo não tomo a iniciativa para assumir as rédeas da minha vida e fazer aquilo que precisa ser feito. A boa notícia dessa parábola é que nunca é tarde, nem mesmo para essas pessoas. O dono da vinha as contrata, mesmo para uma hora de trabalho. Na hora de receber o salário, elas são as primeiras, e recebem exatamente a mesma quantia que os trabalhadores que vieram para a vinha já na primeira hora e que trabalharam dez horas: o salário de um dia, um denário, como era costume na época.

Esta é a boa notícia: Nunca é tarde demais para seguir o chamado interior e ir trabalhar na vinha; nunca é tarde demais para começar a recuperar o que se perdeu. Mas preciso permanecer aberto ao impulso interior que me incita para a vida. Em vez de ficar lamentando o fato de eu não ter vivido até agora, preciso seguir o chamado interior. Assim, minha vida será bem-sucedida.

A segunda parábola que me vem à mente é a Parábola das Dez Virgens. Cinco virgens agiram com prudência, cinco eram tolas. Tolo aqui não significa que não eram inteligentes, mas apenas que não levavam a vida de não atentas. Elas são convidadas para um casamento. Levam as lâmpadas, mas se esquecem do óleo que manterá as lâmpadas acesas, caso o noivo se atrase. Na época, esses atrasos eram comuns, pois muitas vezes as negociações sobre o dote se estendiam.

Mas as virgens tolas vivem sem grandes preocupações; elas não contam com a possibilidade de atraso. E quando ouvem o grito: "O noivo está vindo!", as virgens tolas percebem que seu óleo acabou e pedem às virgens prudentes para que estas lhes deem um pouco do seu. Mas aquelas lhes respondem:

> Não temos o suficiente para nós e para vós; é melhor irdes aos vendedores comprar (Mt 25,9).

As virgens tolas perderam a oportunidade de se precaver. Agora é tarde demais. Acreditaram que as outras compensassem seu descuido. Percebo essa postura em muitas pessoas. Pensam dia após dia: "Os outros cuidarão de mim".

Eles compensarão aquilo que eu deixo de fazer". Mas essa postura não funciona por um longo prazo. As virgens tolas não podem contar com a ajuda das virgens prudentes. Agora elas mesmas precisam tomar a iniciativa e voltar à cidade para comprar óleo. Mas justamente enquanto se encontram na cidade, o noivo vem. Ele entra na sala de festas e a porta é trancada. Quando as virgens tolas finalmente voltam da cidade, encontram as portas fechadas. E quando batem à porta, o senhor diz:

> Na verdade, não vos conheço (Mt 25,12).

É a imagem típica do atraso que todos nós conhecemos dos nossos sonhos. A imagem significa: "Você está vivendo no passado. Não está vivendo de verdade. Você não está no presente". Por isso, vale para todos nós a advertência que Jesus faz no fim da parábola:

> Vigiai, pois, porque não sabeis nem o dia nem a hora (Mt 25,13).

Devemos acordar e viver nossa vida de olhos abertos. Viver cotidianamente sem nos precaver poderá nos levar algum dia a reconhecer: "Não vivemos. Agora é tarde demais. Agora a porta do nosso interior está trancada. Agora perdemos as chances que nossa vida nos ofereceu". Mas a parábola não é apenas uma advertência; ela também nos dá esperança: se você abrir seus olhos agora, sua vida será bem-sucedida.

Lembro-me ainda de outra história que trata de oportunidades perdidas. Os coletores de impostos perderam a chance de escolher o caminho bom. Depositaram toda a sua confiança no dinheiro. Mas Jesus lhes dá uma chance: Ele chama os pecadores e aqueles que se perderam para guiá-los de volta ao caminho certo. Mas os fariseus também deixaram algo passar. De tanta justiça própria, eles deixaram passar a chance de adquirir a postura que mais corresponde a Deus: a misericórdia. Eles se enfurecem porque Jesus dá uma chance aos pecadores, àqueles que erraram na vida. Jesus lhes responde:

> Não são os que têm saúde que precisam de médico, e sim os enfermos. Ide e aprendei o que significam as palavras: *Quero misericórdia, e não sacrifícios* (Mt 9,12s.).

"Ide e aprendei" é uma expressão escolar da Palestina (GRUNDMANN, p. 270). Jesus incentiva os fariseus a irem e aprenderem. Aprender não significa sentar-se e decorar. A aprendizagem é iniciada com o "ir". Preciso partir para aprender algo. A palavra grega *"mathein"* significa: aprender, experimentar, reconhecer, compreender. Não se trata de decorar, mas de compreender algo. Mas isso pode ser um processo doloroso, pois exige que o aluno abra mão de seu ponto de vista antigo. E isso só é possível se ele chorar a perda de sua visão tradicional. Por isso, a Epístola aos Hebreus cria um vínculo entre *"mathein"* e *"pathein"* = "sofrer". Jesus aprendeu por meio do sofrimento:

> Embora fosse Filho de Deus, aprendeu a obediência por meio dos sofrimentos (*"emathen"* – *"epathen"*) (Hb 5,8).

O aprendizado verdadeiro ocorre quando encaramos a vida e sofremos diante daquilo que perdemos. O sofrimento nos leva para a nossa verdade interior. Assim, Jesus nos manda seguir o caminho para que aprendamos o essencial, e o essencial de sua mensagem é a misericórdia. Não se trata de sacrifícios ou desempenhos, mas de misericórdia. Mas, para aprendê-la, precisamos seguir o caminho, e isso exige uma despedida dolorosa de nossa filosofia de vida tradicional.

8 Medicamentos psiquiátricos como substitutos

Um método muito comum hoje em dia de evitar a vida e deixá-la passar é o vício de tratar todos os problemas com medicamentos psiquiátricos. Um psiquiatra norte-americano disse: "Hoje, a indústria farmacêutica dos Estados Unidos gasta mais dinheiro com o *marketing* do que com a pesquisa. Ela não tem interesse em pesquisar novas possibilidades de tratamento, mas procura apenas meios de divulgar ainda mais os seus produtos. E para isso inventa cada vez mais doenças".

A timidez é uma característica que causa dificuldades a um grande número de pessoas. Muitas vezes, porém, as pessoas tímidas são muito simpáticas; apenas não se impõem. E nossa sociedade precisa de pessoas desse tipo tanto quanto precisa de pessoas ousadas, que atraem a atenção de todos. Mas a indústria farmacêutica descobriu os tímidos como novos clientes e classificou a timidez como fobia social, e ela trata a fobia social com os mesmos remédios que desenvolveu contra a depressão; apenas adiciona um corante roxo para distingui-los dos outros. Porém, o tratamento farmacêutico da timidez cria o ser humano homogeneizado, isolando-o de seu interior. Essas pessoas "funcionam", mas não vivem, deixando de entrar em contato com o seu eu verdadeiro.

Evidentemente, medicamentos psiquiátricos também podem ser uma bênção. Pessoas esquizofrênicas e depressivas precisam desse tipo de medicamento para não serem dominadas por sua doença. O desequilíbrio interior é aliviado pelos remédios. Também as pessoas bipolares podem levar uma vida relativamente boa com a ajuda de medicamentos psiquiátricos. Quando são usados corretamente, eles podem ser uma bênção para as pessoas. O uso de medicamentos psiquiátricos tirou muitos pacientes das clínicas psiquiátricas e lhes permitiram levar uma vida mais ou menos normal. Porém, hoje existe o perigo de usarmos esses medicamentos para todos os problemas. Objetiva-se o ser humano que "funciona sempre" e há o desejo de protegê-lo de emoções intensas. As pessoas devem ser protegidas desse tipo de emoção, mas destituídas de emoções elas se transformam em máquinas, que só "funcionam".

Medos e sentimentos de tristeza são parte essencial do ser humano. Mas hoje corremos o risco de transformar tudo em patologia. Quando sentimos medo tentam nos convencer de que sofremos de uma fobia, mas o medo faz parte da vida do ser humano. O diálogo com o medo poderia abrir nossos olhos para o fato de que estamos atravessando a vida com uma postura errada. Queremos ser sempre perfeitos, jamais cometer erros, sempre nos apresentando bem aos outros. Mas essas posturas não nos fazem bem. Deveríamos ser gratos quando nossa alma reage com o medo diante dessas posturas equivocadas.

O medo nos convida a desenvolver uma postura adequada diante de nós mesmos e diante da vida. Quando abafamos cada medo fazendo uso de medicamentos, não nos transformamos como seres humanos. Queremos apenas nos livrar daquele sintoma que nos incomoda, mas não estamos dispostos a aceitar o desafio que o medo nos apresenta.

Trata-se do desafio de mudar nossa postura e expectativa em relação à vida e de viver de acordo com nossa medida. No entanto, preferimos uma vida desmedida, e assim perdemos um passo decisivo, o de nos reconciliar com nossa finitude e fragilidade.

Algo semelhante vale para a tristeza. Na Idade Média ela era o distintivo do gênio, sendo – e ainda é – para muitos artistas uma fonte de criatividade. É claro que a tristeza pode se transformar em doença, mas nem toda tristeza é uma doença.

Em nosso mundo, no qual queremos ver tudo de forma positiva, não existe espaço para a tristeza. Esta, porém, é um sentimento importante que deveríamos aceitar. Quando analisamos nossa tristeza, reconhecemos às vezes que ainda nos agarramos a ilusões infantis. A tristeza nos convida a nos despedirmos delas. Quando contemplo minha tristeza e a atravesso, ela me leva ao fundo da minha alma, e lá encontro meu eu verdadeiro. Ela é um bom caminho para as profundezas da alma e me mostra que a vida não é apenas superficial e fácil. Porém, nossa sociedade quer apenas a superficialidade, não querendo ser abalada por outros sentimentos que fazem parte da essência do ser humano. E assim, cada sintoma de tristeza já é visto como humor depressivo ou até mesmo como doença, devendo ser combatido com remédios. A depressão *pode* ser uma doença, e, nesse caso, os remédios são úteis. Mas nem todo sentimento de tristeza pode ser considerado depressão.

O luto pela morte de uma pessoa querida é parte essencial de nossa vida. Não podemos ignorar o luto, mas precisamos atravessá-lo para então desenvolver um novo relacionamento com o falecido e conosco mesmos. Mas alguns psiquiatras classificam o luto que ultrapassa o período de duas semanas como doença que precisa ser tratada com medicamentos psiquiátricos. Isso inibe o amadurecimento essencial do ser humano. Queremos voltar a "funcionar" o mais rápido possível, retornar para a vida normal, para não criarmos inseguranças em nosso entorno. Mas permitir que o indivíduo volte a funcionar não é o único efeito do recalque do luto por meio de medicamentos. Trata-se também de um recalque coletivo. Queremos ignorar o luto; não queremos aceitar sua existência. Ele interrompe nossa rotina de trabalho, nos inquieta em nossa superficialidade. E assim nos recusamos no caminho para a profundidade; tudo permanece na superfície. Isso também é um modo de deixar a vida passar. O luto é o caminho que nos permite atravessar a dor e alcançar nosso eu verdadeiro. Quando ele é soterrado, o caminho para a profundidade permanece obstruído. E assim não entramos em contato com nosso eu verdadeiro, que se encontra no fundo da alma.

Na América do Norte, uma em cada duas pessoas já toma remédios psiquiátricos. E os alemães estão imitando os norte-americanos. Uma senhora me contou: "No início do ano letivo algumas farmácias prometem livrar as crianças de seis anos de idade de seu medo da escola: 'Nós ajudamos para que seu filho vá à escola sem problemas. Nós ajudamos para que seu filho não fique com dor de cabeça por causa do estresse da escola'". A criança já é entupida com medicamentos psiquiátricos, e isso abafa o passo para o novo, para a aventura. Só para garantir que o filho não enfrente quaisquer problemas, ele é entupido com remédios, privando-o, assim, do aprendizado, do amadurecimento provocado pelo início da escolaridade. Não permitimos inseguranças, mas nossa ideia fixa de segurança nos leva à perda de vivacidade e de acesso ao eu verdadeiro.

A vida é uma aventura, e quem fugir da aventura vive com o medo constante de não dar conta da vida. Na edição de 14 de janeiro de 2014 do jornal *Süddeutsche Zeitung* encontrei um artigo intitulado "Pílulas psiquiátricas para a cria – Um número cada vez maior de crianças e jovens toma neurolépticos". O autor Werner Bartens cita o economista da área de saúde Gerd Glaeske: "É com grande inquietação que observo o aumento no consumo de neurolépticos, pois aparentemente a gama de remédios, por meio dos quais as crianças são conformadas à norma, se estende agora também a essas substâncias muito fortes". Evidentemente, o objetivo de receitar esses remédios é adequar as crianças a um padrão. Para mim, isso é uma imagem assustadora: As crianças não devem encontrar sua própria forma e postura, mas adotar uma forma e postura padronizada. Elas precisam "funcionar".

Os medicamentos psiquiátricos prometem segurança às pessoas; segurança durante as provas; segurança de que seu medo não provoque um "branco" durante a prova; segurança na interação com outras pessoas. Por isso, os estudantes tomam remédios antes da prova; tomam remédios para se acalmar antes de uma apresentação. E nós tomamos um comprimido antes do funeral para não chorarmos. Mas esse "pensamento de segurança" nos impede de viver.

A palavra "seguro" provém do latim *securus*. Na verdade, ele significa: livre de preocupações. ("*Se*" = "*sine*" = "sem". E "*curus*" provém de "cura" = "preocupação".) Mas segundo Martin Heidegger, o ser humano é um ser que, no fundo, sempre se preocupa. A preocupação faz parte da essência do ser humano. A pergunta é como nós lidamos com ela.

Jesus nos encoraja a não nos preocuparmos com nossa vida, com o alimento e com a roupa. Devemos soltar nossa preocupação, mas não recalcá-la. É preciso concentrar nossa preocupação naquilo que realmente importa:

Por isso não vos preocupeis, dizendo: "O que vamos comer? O que vamos beber? Com que nos vamos vestir?"

São os pagãos que se preocupam com tudo isso. Ora, vosso Pai celeste sabe que necessitais de tudo isso. Buscai, pois, em primeiro lugar o Reino de Deus e a sua justiça, e todas essas coisas vos serão dadas de acréscimo (Mt 6,31-33).

A resposta de Jesus à preocupação das pessoas é a confiança na providência de Deus e o redirecionamento da preocupação para o Reino de Deus. Nossa ambição deve ser de que Deus reine em nós e que não sejamos dominados por nossos medos e nossas necessidades.

Os medicamentos psiquiátricos criam outro tipo de segurança: são uma proteção contra os sentimentos, contra as emoções, que são parte essencial do ser humano. No sentido técnico, uma segurança é uma instalação que bloqueia algo; os remédios são uma segurança que bloqueia a vida. Sua função é bloquear os sentimentos, as emoções, os medos, a sensação de insegurança. Mas isso significa bloquear a vida, pois os sentimentos são expressão de vivacidade. Aquele que bloqueia os sentimentos se isola da vida.

Como administrador de mosteiro, tive muitas conversas com representantes de diversas empresas. Muitas vezes, esses representantes entravam em meu escritório e começavam imediatamente a aplicar suas estratégias treinadas. Mas quando não me mostrava impressionado por sua apresentação autoconsciente, tocava em assuntos essenciais ao longo da conversa, e muitos deles acabaram confessando que se sentiam sob forte pressão, e por isso tomavam remédios. Sua segurança aparente era produto de remédios, mas eles não se sentiam à vontade com isso. E como cliente, não me mostrava disposto a comprar algo de uma pessoa que parecia excessivamente segura de si. Quero sentir a pessoa. Quando sinto apenas uma máquina, não confio nos produtos que me são oferecidos. Assim, o efeito dessa autoconfiança gerada pelos remédios nesses representantes é contrário ao que eles pretendem obter. Eles têm menos sucesso do que aqueles que se apresentam como seres humanos.

Algo parecido também ocorre quando alguém toma remédios antes de uma apresentação. Eles lhe ajudam a apresentar a palestra com firmeza, mas não se estabelece contato com os ouvintes. Por isso, sua palestra não consegue ter um efeito duradouro sobre eles. O palestrante sobreviveu à sua apresentação sem emoções fortes, mas também não conseguiu provocar qualquer emoção nos ouvintes. Uma cantora me contou que ela sente medo antes de todas as apresentações, mas não toma remédios; ela suporta o medo. Este aumenta sua sensibilidade de tal forma, que ela tenta estar totalmente no presente. E assim o medo a liberta do domínio do ego, que sempre quer brilhar em cada apresentação. Muitas vezes as pessoas lhe dizem após um concerto: "Não foi você quem cantou, algo cantou por meio de você". Seus cantos comovem as pessoas porque elas sentem que ela, sensibilizada pelo medo, serve como veículo para algo diferente, para algo que vem de Deus e que toca os corações dos ouvintes em profundidade.

Faz parte da vida verdadeira que o ser humano entre em contato com o seu eu verdadeiro, com seu núcleo mais íntimo, mas os remédios psiquiátricos o separam desse fundamento. Ele nem chega a alcançá-lo; permanece na superfície. O caminho para o fundo da alma passa pela verdade própria, ou seja, pelas próprias emoções, necessidades, medos, irritações, sentimentos de culpa, luto, sensibilidade... Se eu ignorar todos esses sentimentos, jamais conseguirei alcançar meu fundamento; jamais me tornarei eu mesmo, ficando empobrecido internamente. O caminho do amadurecimento passa pela própria verdade e leva ao fundo da alma. Quem nunca alcança o fundo da alma não encontra o solo sobre o qual pode se firmar. Ele constrói sua casa não sobre a rocha, mas sobre a areia; na areia da ilusão, na areia do reconhecimento de outras pessoas ou na areia de remédios que conferem à areia uma solidez apenas aparente.

Um fenômeno muito comum hoje em dia são crianças com Transtorno de Déficit de Atenção e Hiperatividade (Tdah). Às vezes, elas levam os pais à beira de uma crise nervosa com sua inquietação constante. Essa doença costuma ser tratada com Ritalina. Em situações difíceis, isso pode ser um tratamento apropriado para ajudar as crianças a ficarem mais calmas. O perigo, porém, é que isso pode neutralizá-las, e o problema subjacente à sua inquietação ser ignorado.

Uma professora, cujo filho sofria de Tdah, me contou que seu filho agora é coroinha e que ela temia que ele causaria problemas com sua inquietação. Mas ficou surpresa quando viu como ele ficava paradinho ao lado do altar, totalmente concentrado em seus rituais. Quando conversamos sobre isso, reconhecemos que aparentemente a criança precisa fazer parte de algo maior, de ser integrada a algo maior. E talvez sua inquietação seja apenas um sinal de que ela se sente desvinculada, desintegrada e, por isso, sem apoio.

Alguns psicólogos afirmam que o Tdah é causado pelo fato de a criança ter que tomar os passos decisivos da vida sem um vínculo forte, sem um relacionamento íntimo com os pais. Por isso, é importante que ela tenha um vínculo interior com algo. Os coroinhas estabelecem esse vínculo com algo que é maior do que eles mesmos; quando eles se inserem em algo maior, conseguem se encontrar e descobrir seu eu verdadeiro. Esse vínculo com algo maior, que tranquiliza a falta de apoio das crianças com o Tdah, pode ser experimentado também em grupos de teatro ou em times de futebol. No teatro, a criança adota um papel que lhe oferece um apoio; ela se esquece e se identifica com o papel. Assim, vivencia a si mesma de outra forma. E no jogo de futebol ela se submete aos interesses da equipe. Quando tratamos a inquietação apenas por meio da Ritalina, a criança se acalma, mas não se encontra, permanecendo isolada de seu eu verdadeiro.

Não estou falando sobre a necessidade ou não de tomar medicamentos psiquiátricos em determinadas situações. Sem dúvida alguma, eles são necessários em casos específicos, e podemos ser gratos pelo fato de eles ajudarem pessoas a levar uma vida mais ou menos normal. O que me interessa é o tipo de imagem do ser humano que se esconde por trás do vício de bloquear qualquer vivacidade e insegurança e de soterrá-las com remédios. No fim das contas, é a imagem do ser humano que funciona. E para quem esse ser humano deve funcionar? Para a economia e para uma sociedade que fecha seus olhos diante do mistério que ele é.

O ser humano é funcionalizado. Ele só serve para algo quando funciona. Ninguém se interessa pelos seus pensamentos e sentimentos, apenas pela sua funcionalidade. Isso é uma redução da humanidade e um empobrecimento da nossa cultura. Precisamos protestar contra essa falta de cultura. Na cruz, Jesus nos mostra a imagem de um ser humano vulnerável. É uma antítese da imagem tão difundida do ser humano ao controle de tudo, do ser humano *cool* (frio). A imagem ideal é o ser humano frio, que congela seus sentimentos no congelador. Mas não se pode conviver com um ser desse tipo, pois ele não permite um encontro autêntico. É como se você falasse com uma geladeira. Ela não nos importuna, mas não há interação nem troca; eu abro a geladeira apenas para tirar dela algo para beber ou comer. Um ser humano do qual eu tiro apenas aquilo que necessito no momento, mas que não possui dignidade própria, serve apenas como geladeira para me dar aquilo que desejo.

A resposta de Jesus

À procura de uma resposta de Jesus ao vício de garantir o funcionamento do ser humano por meio de medicamentos psiquiátricos e de isolá-lo de sua vida interior, eu me deparei com as duas curtas parábolas do Tesouro no Campo e da Pérola Preciosa.

Um homem descobre um tesouro em um campo,

> esconde-o de novo e, cheio de alegria, vai vender tudo o que tem e compra o campo (Mt 13,45).

O homem fica entusiasmado com a descoberta do tesouro. Assim, ele vai e aposta tudo nele. A alegria leva aquele homem a vender todos os seus bens para comprar o campo no qual se esconde aquele tesouro.

Esse homem ainda é capaz de se entusiasmar. Conheço pessoas que não conseguem se entusiasmar com nada. Por isso, não têm iniciativa alguma; veem apenas objeções em seu caminho. Internamente estão cansadas, sempre se recusam quando outros se entusiasmam com algo. É desse cansaço que Edmund Husserl, filósofo alemão, fala:

> O maior perigo da Europa é o cansaço.

Trata-se do cansaço que não consegue mais se entusiasmar, que sempre se recusa quando outros acreditam ter encontrado um caminho. Os cansados são os céticos eternos que justificam sua inatividade com seu ceticismo. Afirmam que todos que se entusiasmam são visionários ou infantis. Que as crianças podem se entusiasmar, mas um adulto já deveria ter superado essa fase. Com esses argumentos eles justificam sua recusa de encarar a vida, e assim a vida deles perde toda a alegria, que é uma emoção forte. Emoção vem de *"movere"* = "movimentar". Portanto, a alegria pretende nos movimentar, colocar-nos em nosso caminho à procura da essência de nossa vida, à procura do tesouro que se esconde no campo da nossa alma.

O tesouro está escondido no campo. Isso significa para mim: preciso sujar as mãos para desenterrar o tesouro desse campo; preciso cavar a terra para descobrir o tesouro na profundeza. Os medicamentos psiquiátricos pretendem me manter na superfície da terra, não querem que eu a escave, pois poderia sujar minhas mãos. Mas se eu não atravessar o luto, a dor, o caos das minhas emoções, se eu não passar pelo ciúme, pela inveja, por meus sentimentos de culpa, jamais descobrirei o tesouro, jamais entrarei em contato com o meu eu verdadeiro; ficarei isolado para sempre da riqueza da minha alma.

Devemos interpretar de forma semelhante a Parábola da Pérola Preciosa. Também nessa história um comerciante aposta tudo em determinada pérola:

> Ele vende tudo para comprar a pérola preciosa
> (cf. Mt 13,46).

A pérola cresce na ferida da ostra. É justamente quando analiso minhas feridas e me abro para elas que encontro o caminho para o fundo da minha alma. Mas quando minhas feridas são encobertas pelos remédios, não poderei encontrar o espaço interior do silêncio, onde a pérola me espera. Por baixo do curativo dos remédios, a ferida continua a criar pus. Ela não dói mais, porém eu perco a chance de encontrar a pérola dentro de mim. Hildegarda de Bingen afirma que a arte verdadeira do amadurecimento consiste em transformar as feridas em pérolas, em descobrir nas feridas as pérolas e em usar as feridas para descobrir as qualidades verdadeiras: o meu eu precioso que se encontra no fundo da minha alma como minha riqueza verdadeira, que preenche meu interior.

9 Como não perder o amor

Conheço muitos adultos jovens que se lançam em sua profissão cheios de entusiasmo e fazem carreira rapidamente. Mas quando se aproximam dos quarenta anos de idade, percebem que perderam a oportunidade de procurar parceria confiável e de fundar uma família. Em algum momento eles se veem diante do dilema de decidir se desejam continuar fazendo carreira ou se preferem dar uma direção nova à vida. Às vezes caem em uma crise profunda, acreditando ter perdido o amor por causa de seu foco no sucesso profissional. Mas o amor não é algo que se produz apertando um botão.

Outros fundaram uma família e gozam do amor de cônjuge e de seus filhos. Mas de repente o trabalho passa a ocupar o primeiro plano, e o amor é negligenciado. O casal constrói uma casa. O homem vê aquela construção como expressão do amor mútuo, mas ela não deixou tempo para o carinho e o amor, e o casal nem percebe como o amor está se dissolvendo. Como marido e esposa, passam a viver ao lado um do outro, mas sem troca de amor, e quando a esposa diz que não consegue mais viver, que ela não sente mais o amor do marido, ele entra em estado de choque. De repente, ele percebe de forma dolorosa que deixou o amor passar. Se a reação de sua esposa o despertar, ele ainda poderá resgatar o amor, mas às vezes é tarde demais. O casal se distanciou demais um do outro, de forma que o amor não pode mais ser reavivado.

Um homem trabalhou para que sua família tivesse uma vida boa. Construiu uma casa linda e trabalhou muito para isso, mas não teve tempo para os filhos. Agora, estes se afastam do pai; não o respeitam mais porque não o vivenciaram como pai, que, em primeiro lugar, queria garantir a existência material da família. Depois disso, ele se dedicaria a ela. Porém, muitas vezes isso acontece tarde demais; os filhos perderam a relação e também o respeito do pai. Então este percebe dolorosamente que perdeu o amor de seus filhos. Alguns pais se justificam com seu grande empenho pela família e alegam que isso é suficiente, mas essa autojustificação não consegue resgatar o amor. É importante reconhecer que deixamos o amor passar, pois esse reconhecimento permitiria corrigir o foco e voltar a atenção para os filhos.

Às vezes, os pais e as mães se preocupam tanto com suas próprias necessidades, com seus planos de realização próprios, ocupam-se tanto com sua formação e seus cursos, que chegam a ignorar as necessidades dos filhos. E muitas vezes ficam cegos para o amor que estes tanto desejam. Mas não se trata apenas do amor pelo parceiro ou pelos filhos; muitas vezes, as pessoas também negligenciam o amor pelos amigos; não têm mais tempo para eles. E chega o momento em que eles se sentem excluídos e isolados.

Amor é dedicação, e essa dedicação é exigida também no trabalho. Só consigo amar meu trabalho se eu me dedicar a ele, se eu me entregar a ele e esquecer meu próprio ego. Mas também aqui o excesso de atividades pode me levar a perder o amor. Mas, apenas quando agimos com amor conseguimos ter também a sensação do "fluxo", que nos preenche com paz interior. Amor como dedicação vale não só para o trabalho, mas também para outras áreas. Eu deveria me perguntar: O que é que eu amo? A música, a natureza, a beleza da arte? Minha vida se torna valiosa apenas se eu tiver algo que possa amar, e nenhum empenho exterior, por maior que seja, terá importância se eu perder o amor; o amor pelas pessoas, o amor pelos animais, o amor pela natureza, o amor pela música e pela arte. Apenas aquilo que eu amo realmente me nutre.

Algumas pessoas perdem o amor também por causa de sua busca espiritual excessiva. Elas estão tão fixadas em seu progresso espiritual, em métodos de meditação, que acabam se esquecendo do amor. Todos os métodos espirituais são – como diz o Apóstolo Paulo – como bronze que soa ou tímpano que retine, se não estiverem impregnados de amor ou não levarem para ele. Existem pessoas espirituais que acabam perdendo o amor em seu caminho espiritual. O importante é que a meditação me abra para o amor de Deus e que ela me capacite a amar o próximo. Apenas quando o amor fluir para as pessoas em minha volta, minha vida se tornará valiosa. Se eu perder o amor, chegará o momento em que cairei em tristeza e resignação, porque meus esforços espirituais não me levaram a nada. Apenas o amor me mantém vivo e me faz florescer.

A resposta de Jesus

Quando reflito sobre o tema do "amor perdido" lembro-me da história da mulher grega que procurou Jesus para que Ele curasse sua filha. Segundo ela, sua filha tinha

> um espírito impuro (Mc 7,25).

Espíritos impuros ofuscam a autoimagem. Talvez aquela mulher tenha projetado suas próprias imagens e expectativas sobre a filha, ofuscando assim a autoimagem de sua descendente, que já não sabia mais quem era. Agora a mãe reconhece que a filha não pode continuar assim. Ela pede que Jesus a cure. Mas o Mestre não se dispõe a simplesmente neutralizar aquilo que a mãe estragou. Ele confronta a mulher com seu próprio reflexo:

> Não fica bem tirar o pão dos filhos e jogá-lo aos cachorrinhos (Mc 7,27).

No mesmo instante, a mãe reconhece que sua filha não recebeu o alimento necessário. A mãe gastou o pão de seu carinho e de sua atenção para suas próprias necessidades e preferências; para sua carreira; para aquilo que ela acreditava precisar para sua realização. Mas isso fez com que sua filha passasse fome internamente. Cabe à mulher o mérito de reconhecer seu erro. Ela reconhece que negligenciou sua filha, mas agora não recorre à estratégia oposta de mimá-la para, assim, acalmar sua consciência. Em vez disso, ela diz:

> É verdade, Senhor, mas também os cachorrinhos, debaixo da mesa, comem das migalhas dos filhos (Mc 7,28).

Poderíamos traduzir isso da seguinte forma: "Sim, Senhor, estás certo. Minha filha não recebeu o suficiente. Mas eu também tenho minhas necessidades. Tentarei respeitar e harmonizar melhor as minhas necessidades e as necessidades da minha filha". Jesus elogia a mulher porque ela fez uma avaliação correta de sua situação e agora está disposta a escolher o amor, e não os cachorrinhos; ou seja, sua própria ambição e suas próprias necessidades.

10 A virtude cristã da esperança

A postura que nos leva a deixar a vida passar é o desânimo. Em alemão, a palavra "desanimado" se refere à pessoa covarde e medrosa. Uma pessoa desanimada perdeu toda a coragem; ela se retrai em si mesma, não se abrindo para o mundo. A resposta cristã a esse desânimo é a esperança, que é a virtude que nos dá coragem para ousar o futuro, para assumir as rédeas de nossa vida. Uma virtude é uma força que nos capacita para algo; capacita-nos a ter uma vida bem-sucedida. A virtude da esperança nos capacita a ousar a vida; é a resposta à tendência de deixar a vida passar. Por isso, quero meditar sobre a virtude da esperança e depois apontar alguns passos que nos ensinam a conquistá-la.

Jürgen Moltmann, que escreveu sua *Teologia da esperança* em 1964, afirma que a falta de esperança é o pecado da incredulidade. Ele cita o Livro de Apocalipse, que, em sua lista de pecadores, menciona em primeiro lugar os "desanimados" (Ap 21,8). Ele se apoia na Epístola aos Hebreus, que interpreta o abandono da esperança viva como desobediência diante da promessa de Deus.

Essa epístola identifica sintomas de cansaço na cristandade da época. Trata-se do

> cansaço de não querer ser aquilo que Deus deseja para nós (MOLTMANN, p. 18).

Por isso, adverte os cristãos cansados:

> Corramos com perseverança para o combate que nos cabe, de olhos fitos no Autor e Consumador da fé, Jesus (Hb 12,1s.).

Ser cristão significa ter esperança, seguir seu caminho com esperança e se lançar na luta da vida. A Epístola aos Hebreus vê a vida como competição. Dessa imagem emana força; ela me desafia a participar da competição. Com os olhos fitos em Jesus, no Autor e Consumador da fé, obtenho a confiança e a esperança de vencer a competição.

Um provérbio alemão diz:

> A esperança é a última a morrer.

Isso significa também: onde não houver esperança, há morte, há estarrecimento. E o poeta italiano Dante inscreve no portão para o inferno:

> Vós, que aqui entrais, desisti de toda esperança.

A falta de esperança é o inferno. A espiritualidade cristã sempre compreendeu a esperança, juntamente com a fé e o amor, como virtude divina central, mas o existencialismo do século XX a interpretou como fuga da realidade. Albert Camus exige que permaneçamos no chão da realidade:

> Pensar com clareza e não esperar mais (MOLTMANN, p. 19).

Moltmann cita um romance do escritor Fontane, onde lemos:

Viver significa enterrar a esperança.

Theodor Fontane fala de "esperanças falecidas" que compõem a vida. Um provérbio alemão justifica o ceticismo diante da esperança:

> A espera e a esperança te enganam.

As pessoas desanimadas, sem esperança, consideram-se realistas. Mas, na verdade, não são realistas. Elas abriram mão de toda esperança e não encontraram nada que lhes pudesse substituir. E Moltmann mostra o resultado disso:

> O que resta é um *taedium vitae* [um nojo da vida], uma vida que apenas se arrasta [...]. Mas onde a esperança não encontra mais a fonte de novas possibilidades desconhecidas, o jogo irônico com as possibilidades que conhecemos acaba em tédio ou em excursões para o absurdo (MOLTMANN, p. 19).

Moltmann responde a essa postura de cansaço e falta de esperança com uma palavra de Heráclito:

> Mas quem não espera o inesperado jamais o encontrará (MOLTMANN, p. 20).

Pessoas que vivem sem esperança deixam a vida passar. Não encontram um sentido na vida nem qualquer outra coisa pela qual vale a pena se empenhar. Reagem a tudo com ceticismo e desânimo: "Nada disso faz sentido". A esperança nos mantém vivos, e, segundo Paulo, esperamos aquilo que não vemos.

Não vemos aquilo em que apostamos nossa vida, mas nós o esperamos. Isso não significa correr atrás de uma utopia, mas a esperança nos confere firmeza na vida. É assim que a fé é definida na Epístola aos Hebreus:

> A fé é o fundamento do que se espera (Hb 11,1).

Aquilo que espero me dá um fundamento e firmeza neste momento. E pelo fato de eu estar firmado num fundamento, posso seguir com confiança em direção ao futuro.

A esperança cristã tem seu fundamento na cruz de Jesus Cristo e em sua ressurreição. A cruz representa o fracasso e tudo o que obstrui nosso caminho. Há pessoas que deixam a vida passar porque têm medo daquilo que lhes pode acontecer, algo vindo de fora. Elas acham que não podem planejar sua vida. Já que esta depende constantemente de fatores externos, elas desistem de planejar o futuro. Vivem apenas um dia após o outro. Mas a cruz resulta na ressurreição. Para nós cristãos isso é o sinal da esperança: não existe nada que não possa ser transformado, nenhuma escuridão que não possa ser iluminada, nenhum fracasso que não possa se transformar em um novo começo, nenhuma morte que não seja transformada em vida.

Muitas pessoas param diante da cruz. Já que existem tantas cruzes na vida, não vale a pena viver. Mas para nós cristãos a cruz é justamente o desafio de ousar a vida. Mesmo que a cruz frustre meus planos nessa aventura, isso me recompensará.

A cruz é superada pela ressurreição. Ousar significa colocar algo na balança sem saber de antemão o peso que ela indicará; significa arriscar em algo sem conhecer o resultado. A cruz que nos espera representa o nosso desconhecimento em relação àquilo que resultará de nossa ação de arriscar. A vida sempre é um risco, mas o símbolo cristão da ressurreição nos mostra que vale a pena correr o risco da vida.

Para Santo Tomás de Aquino,

> A juventude é a causa da esperança. Pois a juventude possui muito futuro e pouco passado.

A esperança rejuvenesce o ser humano. Josef Pieper traduz da seguinte forma Is 40,31, no contexto de seu conceito de esperança:

> Aqueles que esperam no Senhor adquirirão uma nova bravura. Asas lhes crescerão iguais às da águia. Correrão sem esforço. Caminharão sem cansaço (PIEPER, p. 47).

Mas aquilo que deveria ser o distintivo da juventude – ousar a vida cheia de esperança – já não se acha em todos os jovens. Pelo contrário: constatamos a propagação de uma postura desanimada que lhes rouba toda a força. Assim, a mensagem a todas as pessoas que estão deixando a vida passar seria entrar em contato com a esperança dentro delas. Na alma de cada um de nós existe a esperança como possibilidade, mas, muitas vezes, somos separados dessa esperança. Por isso, vale a pena refletir sobre ela.

Em alemão, a palavra "esperar" (*hoffen*) provém do mesmo grupo de palavras como "pular" (*hüpfen*). Por isso, para os germanos, "esperar" significava "pular de excitação, correr para lá e para cá em nervosa antecipação". A palavra "esperar" contém, portanto, a experiência de uma espera ansiosa por um evento ou pela vinda de uma pessoa querida. A esperança é marcada pela alegria, e tem a ver com espera. Trata-se de um ato ativo do ser humano, que se estende em direção àquilo que espera. Aquele que vive em esperança tem um espírito marcado pela alegria e vivacidade. A esperança nos ergue; a falta de esperança nos esmaga. Aquele que perdeu a esperança também perdeu a força interior; perdeu sua juventude.

O filósofo francês Gabriel Marcel desenvolveu uma filosofia da esperança baseada em sua fé cristã. Ele faz uma distinção entre esperança e expectativa. Esta é uma noção bem-definida daquilo que deve acontecer; ela pode ser frustrada. A esperança, não. Pois ela não depende de noções concretas, e nunca podemos dizer: "Não existem razões para ter esperança". Pois esta transcende também todos os argumentos e contra-argumentos lógicos. No fim das contas, ela sempre visa à luz e à liberdade que nós, seres humanos presos, esperamos. A esperança verdadeira não visa a um evento determinado no futuro, mas à renovação de nossa vida e existência como um todo. Portanto, esperar não significa criar expectativas específicas para a minha vida. Aquele que imagina sua vida em termos concretos vive constantemente no medo de ver suas expectativas frustradas.

A esperança transcende todas as noções concretas. Ela é a postura de um ser humano

> que não impõe condições, que não impõe limites, que se entrega a uma confiança absoluta e justamente assim supera toda e qualquer decepção e experimenta uma segurança no ser que se opõe à insegurança fundamental do ter (MARCEL, p. 55).

A esperança pertence ao âmbito do ser, não do ter. Marcel afirma que a postura do "ter" impede a esperança. Apenas aquele que se liberta de todas as correntes do ter é capaz de

> experimentar a leveza divina de uma vida em esperança (MARCEL, p. 78).

Quem quiser tudo, quem quiser controlar toda sua vida, este a perderá. Mas quem abraçar o ser participa também da esperança e conquista sua vida. Para Gabriel Marcel, esperança e comunhão andam juntas. Nunca espero apenas para *mim*, espero sempre para *nós*.

Quando reflito sobre os pensamentos de Gabriel Marcel e a partir deles contemplo o ser humano de hoje, vejo algumas razões pelas quais tantas pessoas não conseguem ter esperança. O ser humano de hoje deseja segurança e desconfia da esperança. Ele encontra muitas razões para acreditar que o futuro que o espera não será um mar de rosas. Gabriel Marcel afirma que muitos ridicularizam a esperança com argumentos racionais porque não querem se expor ao risco. Viver, porém, sempre significa ousar, aceitar e enfrentar o imprevisível, na esperança de uma vida realizada, mesmo quando não se tem uma noção concreta. Outra razão pela qual os seres humanos fogem da esperança é o individualismo.

> A esperança sempre exige uma comunidade, por menor que seja. Isso é tão verídico que poderíamos até nos perguntar se o desespero e a solidão não seriam idênticos (MARCEL, p. 73).

O verdadeiro filósofo da esperança dos nossos tempos foi Ernst Bloch. Em sua grande obra *O princípio esperança*, ele vê essa virtude como força impulsionadora do mundo. Para ele, a esperança não é apenas uma postura do homem, mas uma qualidade do ser. Este é, para ele, um "ainda não ser". E ele reconhece em todas as figurações da arte e nas imagens da religião um vislumbre da realidade vindoura.

Mas como ateu, Bloch vê a realidade apenas como realidade terrena, e entende também o ser humano não na base de seu conhecimento e de seus atos, mas na base de sua esperança.

> Nós [como seres humanos] somos seres que preveem, somos seres utópicos, ao contrário dos animais. A antecipação é nossa força e nosso destino.

Para Bloch, apenas aquilo que tem valor é impregnado de esperança e a transmite. Um bom arquiteto é apenas aquele de quem as construções são esperança construída; esperança de um lar, esperança de beleza, de conforto, de comunhão. E apenas o ser humano que transmite esperança por meio de sua fala e de seus atos realiza a verdadeira humanidade.

A filosofia e a teologia da esperança, como as que encontramos em Gabriel Marcel, Ernst Bloch e Jürgen Moltmann, refletem o otimismo da década de 1960. Hoje restou pouco desse otimismo. Mas esperança não é otimismo, é uma postura interior.

Os teólogos cristãos chamam a esperança de "virtude divina". Isso significa: é uma virtude que me foi dada por Deus, mas é, ao mesmo tempo, uma postura que posso e devo exercitar.

Quero apresentar alguns passos por meio dos quais podemos aprender a desenvolver esperança na base dos pensamentos de Marcel, Bloch e Moltmann. Esses passos para a esperança são, ao mesmo tempo, uma resposta à tendência de deixar a vida passar. A esperança é a força de ousar a vida e de vivê-la com muita confiança e força. Seguem aqui os sete passos:

O primeiro passo – Ousar a vida

A vida é um risco. Nunca sabemos como ela terminará. Em alemão, a palavra *"ousar/arriscar"* (*"wagen"*) provém de *"balança"* (*"Waage"*). Coloco meu peso sobre uma balança sem saber o que ela indicará, se apontará um peso baixo ou alto demais, ou se o peso apontado corresponderá exatamente ao contrapeso. Aquele que ousa sua vida sempre se expõe a um risco. Ele não conhece o resultado. Na palavra risco encontramos dois aspectos: aventura e perigo. A vida sempre está cheia de riscos, mas quem quiser se precaver contra qualquer risco gasta todo seu dinheiro em garantias, não lhe restando dinheiro para a vida nem energia para ousar a vida.

Hoje em dia falta coragem para muitos. Eles preferem se garantir e garantir que tudo corra bem. Mas não existe garantia para a vida, que precisa ser ousada. Existem sempre muitas razões racionais para se esquivar do risco; a psicologia fala de racionalização. Sinto que deveria ousar ligar ou visitar aquela pessoa, mas lembro-me de mil razões pelas quais não deveria fazê-lo. Talvez o momento seja importuno para o outro; talvez esteja tirando uma soneca neste momento ou esteja em uma reunião ou em uma festa de família. Se eu ligasse agora, eu o perturbaria. Se eu ligar para aquele escritor que até agora conheço apenas de seus livros, ele talvez se sinta incomodado; talvez ele não goste de receber ligações. Temos muitas respostas já preparadas que nos impedem de seguir um impulso interior.

Esse impulso interior muitas vezes nos expõe ao risco. Sempre temos dentro de nós as duas coisas: o desejo de nos arriscar e o medo do risco. As racionalizações fortalecem o medo e nos impedem de sentir prazer no risco e de realmente partir para a ação. Por isso, o primeiro passo seria: siga seus impulsos interiores. Não os descarte imediatamente com a ajuda de mil razões racionais. Ouça seu coração. O que ele lhe diz? Qual a energia contida nesse impulso? Imagine seguir ao impulso. Como você se sente? Tente soltar o medo que surge dentro de você. Mas, nesse momento, tente se distanciar do medo e imagine em termos bem concretos: Vou ligar para este homem. Eu me apresento com voz amigável. Pergunto se ele me daria dois minutos de seu tempo. Minha pergunta é a seguinte... E então sigo meu impulso. Você verá como isto lhe fará bem.

O que vale para esse exemplo banal de um telefonema também vale para sua vida. O que você quer? Quais os passos que gostaria de tomar para alcançar o seu objetivo? O que você quer para sua vida particular e profissional? Em que área sente paixão e entusiasmo? Quais são as razões que o impedem constantemente de seguir seu impulso interior? Confie em seus sentimentos e pense como você poderia transformá-los em passos concretos. Analise os contra-argumentos, mas distancie-se deles. Eles não o levam para a vida, mas o impedem de vivê-la.

O segundo passo – Aceitar o desafio da competição da vida

A Epístola aos Hebreus fala da competição da vida (Hb 12,1). E o Apóstolo Paulo também fala da competição da qual devemos participar:

> Não sabeis que os que correm no estádio correm todos, mas só um recebe o prêmio? Correi, pois, de modo que o conquisteis. E quem se prepara para a luta abstém-se de tudo, e isso para alcançar uma coroa perecível; nós, porém, para alcançarmos uma imperecível. Eu corro, mas não sem direção; eu luto, mas não como quem dá socos no ar (1Cor 9,24-26).

O corredor precisa se preparar para a corrida, e necessita de uma meta. Precisa saber o que quer; não basta simplesmente correr um pouco. Algumas pessoas passam a impressão de estarem correndo para qualquer lado, sem meta. Isso não as leva a lugar algum. Precisamos de uma meta, e não podemos apenas fazer de conta que estamos lutando. Se socarmos o ar, jamais acertaremos o adversário.

Duas imagens são importantes aqui: *a vida é uma corrida*, e eu preciso de uma linha de chegada para tentar alcançá-la com concentração e esforço. E *a vida é uma luta*. Na luta, posso me machucar. Se eu aceitar uma luta de boxe preciso levar em conta a possibilidade de ser golpeado pelo adversário. Não existe luta sem o risco de lesões. Hoje em dia muitos preferem ser espectadores. Assistem à luta de outros. Assim, imitam o comportamento dos romanos decadentes na era do Império Romano. Estes gritavam: *"Panem et circenses"*. Exigiam pão e jogos. Queriam assistir, mas não queriam trabalhar e lutar por conta própria. Essa tendência é muito forte hoje em dia, pois a internet nos convida a permanecermos espectadores para sempre e de lutar apenas num mundo virtual. Mas Paulo não diz que devemos assistir à corrida ou à luta de outros; somos nós que devemos correr, que devemos lutar. Isso custará esforço, suor e, às vezes, sangue, e também exigirá coragem de enfrentar a luta, pois não saberemos se venceremos. É possível que eu perca se eu fizer determinada prova, aceitar aquele emprego ou me apaixonar por esta ou aquela pessoa. Mas vale o provérbio: Só ganha quem arrisca.

Um exercício concreto para treinar esse tipo de postura de luta pode ser o esporte. Quando jovem, eu fazia excursões de bicicleta nos Alpes com meus irmãos e primos. Na época, as bicicletas tinham apenas três marchas, mas tínhamos a ambição de vencer a montanha sem descer da bicicleta. Lembro-me de que essa competição de subir a montanha também era sempre um exercício espiritual para mim: eu tinha certeza de que a minha vida era uma luta, uma luta contra meus humores, contra minhas fraquezas. Pedalar sem descer da bicicleta era um exercício: eu não desisto; continuo lutando. Na época eu já pensava em entrar para a vida monástica. Assim, o pedalar era também um exercício na ascese que me esperava no mosteiro. Mas também me dava o prazer de provar que eu era capaz daquilo. Isso me deu energias.

O terceiro passo – Livrar-se de imagens concretas

A esperança deixa para trás as imagens concretas. Ela não se fixa em expectativas específicas. Alguns criam imagens exatas daquilo que querem da vida, exames com notas altas, um bom emprego, a namorada certa. Mas estão tão fixados em suas expectativas que sempre acabam se decepcionando. E já que essas expectativas não podem ser realizadas dessa forma, eles desistem. Uns ficam decepcionados porque suas expectativas altas e concretas não se realizam. Outros ficam imaginando coisas negativas de antemão. As imagens negativas lhes servem como motivo para se distanciar da vida. Não vale a pena ousar a vida, já que isso ou aquilo poderia acontecer. E alguns não esperam nada da vida para não sofrerem decepção, e assim deixam a vida passar.

A esperança consiste em transcender todas essas expectativas concretas. Minha vida não depende de uma prova, de um emprego, do parceiro ideal e de uma família saudável. Esperança significa, antes, transcender todas essas imagens e mesmo assim esperar que a vida dê certo, que Deus abençoe o meu caminho. Esperança sempre tem a ver com liberdade; não submeto a esperança a ideias concretas. A esperança respira a liberdade de, independentemente dessas imagens, seguir meu caminho com confiança.

Cada um de nós tem expectativas concretas da vida, e nada há de mais nisso. Ao mesmo tempo, porém, devemos acreditar na esperança em nosso coração que nos impulsiona e faz prosseguir, mesmo quando essas imagens não se concretizam. A esperança não pode ser decepcionada; precisamos nos lembrar sempre disso. Assim, o nosso medo de não vermos essas imagens realizadas não nos impede mais. Corajosos, trabalhamos e ousamos nossa vida.

O quarto passo – Esperar a essência verdadeira

A esperança não visa a expectativas específicas. Seu objetivo é que encontremos e encarnemos a imagem que Deus tem de nós. Na esperança, já reconhecemos um vislumbre do nosso ser verdadeiro, a imagem singular de Deus em nós.

A esperança nos ajuda a entrar em contato com a nossa alma; ela dá asas à alma. Ela nos afasta das coisas externas e nos leva para o espaço interior da alma. No entanto, isso não é fuga da realidade. A esperança, que sempre existe dentro de nós, nos dá a confiança de seguir nosso caminho, mesmo quando surgem obstáculos externos.

Posso exercitar a esperança atravessando todos os sentimentos caóticos como medo, tristeza, desespero e cansaço para alcançar o fundo da minha alma. E lá imagino que a esperança já existe como virtude divina, como dádiva de Deus. Preciso apenas entrar em contato com essa virtude. Assim, ela me libertará dos medos concretos, da incerteza se conseguirei alcançar esta ou aquela meta, se fracassarei nesse caminho. Meu ser mais íntimo não pode falhar. A esperança me dá a certeza de que minha vida será bem-sucedida. Talvez ela trará um êxito diferente daquele que imaginei, mas ela será bem-sucedida. Assim, a esperança é a força impulsionadora que me encoraja a seguir meu caminho, mesmo quando muitas expectativas não se realizam. Não se trata das expectativas, mas do ser verdadeiro.

O quinto passo – Esperar em vista da cruz

O paradoxo cristão da esperança consiste na cruz, que representa o fracasso, as expectativas frustradas, tudo aquilo que obstrui minha vida com algo vindo de fora. A esperança cristã reside na ressurreição de Jesus, que transforma a cruz. Ela significa: Não existe fracasso que não possa servir como novo começo. Não existe escuridão que não possa ser iluminada pela luz. Não existe paralisia que não possa ser vencida. E não existe morte que não possa ser transformada em vida. Não há nada que possa desencorajar a esperança.

Mas é muito fácil dizer isso. Até mesmo os discípulos de Emaús tiveram a impressão de que a morte de Jesus havia destruído sua esperança. Eles disseram àquele Homem, antes de reconhecê-lo como Jesus:

> Nós esperávamos que fosse Ele quem iria libertar Israel (Lc 24,21).

Eles haviam esperado que Jesus fosse seu redentor. Mas a cruz destruiu essa esperança. Aos poucos, Jesus os aproxima do mistério de que é justamente por meio da morte e da ressurreição que a esperança da redenção se cumpre. Não é a esperança que foi destruída, mas as expectativas concretas dos discípulos.

Em meio a perseguições e provações, Paulo escreve:

> Pela esperança é que estamos salvos. Mas a esperança que se vê já não é esperança. Como pode alguém esperar o que já vê? Se esperamos o que não vemos, é com perseverança que esperamos (Rm 8,24s.).

A realidade em que Paulo vive não apresenta nada de salvação, redenção, libertação. Ele experimenta amarras, inimizades, ataques, perigos, mas na esperança ele já experimenta a liberdade. A esperança – assim diz a palavra grega *sozein* – protege já agora o nosso ser verdadeiro; ela protege nosso eu dos perigos externos. Não vemos essa proteção interna, pois o mundo externo nos ataca, nos ridiculariza e nos persegue. Mas mesmo quando não vemos essa proteção nós nos agarramos à esperança em meio às turbulências da vida, e a esperança gera em nós a paciência. Em grego, paciência se chama *hypomone*. Trata-se da postura de resistir, perseverar, mesmo quando o mundo rui ao nosso redor.

Paulo nos convida a meditar e imergir nessa esperança. Não podemos exercitá-la por meio de passos externos. Mas quando absorvo as palavras de Paulo, consigo vislumbrar algo dessa força interior que não pode ser destruída nem mesmo por perigos ou ataques externos. Palavras criam uma realidade se eu meditar sobre elas, se eu permitir que elas penetrem meu coração. E assim, imediatamente geram em mim a postura da esperança, da paciência e da confiança. Isso me dá a coragem de ousar a vida.

O sexto passo – Do "eu" ao "tu"

Muitos deixam a vida passar porque giram apenas em torno de si mesmos. Eles não se sentem apoiados por uma comunidade, e quando planejam sua vida pensam pouco nas necessidades da comunidade. Tudo gira em torno deles mesmos, de sua carreira, de sua própria segurança. O outro só é percebido quando obstrui seu caminho.

Uso toda a minha energia para aparecer bem e seguro diante dos outros, pois eles me dão medo. Eu poderia passar vergonha na frente deles; eles poderiam falar mal de mim; poderiam criticar minha vida não vivida. Por isso, eu me fecho para que eles não me deixem inseguro. Mas isso não funciona do jeito que imaginei, pois estou sempre concentrado naquilo que os outros pensam de mim e em como eles veem minha vida. Posso isolar-me da comunidade, mas sempre me refiro a ela.

Para Gabriel Marcel é essencial chegar do "eu" ao "tu". Só conseguimos encarar a vida com esperança se tivermos em vista também o outro, a comunidade. A esperança se desdobra apenas

> na ordem do "nós", ou seja, da fraternidade; falamos uns com os outros sobre a nossa esperança comum (MARCEL, p. 62).

Um passo importante em direção à esperança é, portanto, parar de girar em torno de si mesmo e se concentrar na comunidade. Existe a comunidade da família, onde temos nossas raízes. Quando nos sentimos membros da família participamos da esperança que sustenta essa família há décadas. Quando nos isolamos dela precisamos lutar por conta própria, e isso diminui a nossa esperança. Existe a comunidade dos amigos e da Igreja, que nos dá a sensação de apoio. Precisamos da convivência, precisamos da esperança do outro para entrar em contato com nossa própria esperança, e precisamos da experiência de sentirmos o apoio de uma comunidade para podermos ousar a vida em liberdade. Existe também, é claro, a limitação na família, no grupo. Mas a abertura para os outros abre nossos olhos para a nossa vida e as possibilidades que existem dentro de nós.

O sétimo passo – Transcender a realidade concreta

A esperança é mais do que a expectativa de determinados eventos ou resultados. Ela transcende tudo aquilo que encontramos aqui; ela me leva além, mesmo quando estou muito doente e quando a possibilidade de cura é muito remota. A esperança não se limita à cura física, ela sempre inclui a possibilidade do milagre. Assim, ela transcende a situação concreta. Para Gabriel Marcel,

> A esperança se apresenta aqui como método de superação, por meio do qual o pensamento se eleva acima das fórmulas e expectativas, às quais ela tentou se agarrar num primeiro momento (MARCEL, p. 54).

Estou cheio de esperança, mesmo quando morrer. A esperança dá valor à minha vida. Tenho a esperança de um tempo precioso que me foi dado; tenho a esperança de encontros significativos enquanto eu viver; e tenho a esperança de encerrar bem a minha vida e de encontrar minha realização em Deus. Espero aquilo que não vejo, o que nenhum olho viu e nenhum ouvido ouviu (cf. 1Cor 2,9). A esperança que transcende o visível tem seu fundamento existencial na natureza humana. Ladislaus Boros, que traduziu a filosofia de Ernst Bloch para a espiritualidade cristã, escreve:

> "Vida" humana sempre significa: antecipação de algo diferente. A expectativa não pretende "adormecer" dentro de nós. O ser humano não se cansa de inventar sempre novos desejos. Seu ser "desperta para o futuro", para aquilo "que ainda não é". Existe um impulso indestrutível dentro do ser humano que trabalha em direção ao um "bom final" (BOROS, p. 81).

Boros acredita que a esperança cristã do céu, que transcende todo o visível, corresponde "à constituição íntima do ser do homem" (BOROS, p. 83).

É um bom exercício imaginar todos os planos que fazemos para nossa vida, todas as expectativas que temos para o nosso futuro: "Sim, quero fazer isso. Essa é a minha vida. Mas o essencial ainda está por vir. Todos os meus planos são temporários. Minha esperança transcende o visível. Ela visa ao invisível, ao céu".

Isso não é uma fuga da vida; antes, me dá a coragem de ousar a vida sem o medo do fracasso. A esperança me dá a liberdade interior para deixar meu rastro no mundo, para investir toda a minha força numa vida consciente e boa. Ao mesmo tempo, a esperança me transmite a certeza de que isso não é tudo. Por isso, ela me liberta do medo do fracasso, dissolvendo minhas racionalizações que servem como desculpa para não ousar a vida.

Já que meu trabalho, meus relacionamentos e minhas condições de vida não precisam satisfazer todos os meus anseios, não preciso ter medo de abraçar a minha liberdade e meus impulsos interiores. Não preciso me garantir, não preciso garantir o sucesso dos meus planos. Eu ouso a vida, e tenho a firme esperança de que ela dará certo, mesmo que fracasse aos olhos dos homens. Essa esperança me dá – como escreve Paulo – a paciência que resiste a tudo e persevera.

Para encerrar
Continuar no mar da vida

Neste livro procuramos entender por que muitas pessoas deixam a vida passar. Contemplamos posturas que levam à perda da vida. Trata-se em primeiro lugar da tendência de querer se proteger contra todas as eventualidades e do girar em torno do si mesmo narcisista.

Contemplamos também as causas que nos levam a não viver a vida que corresponderia ao nosso ser. E encontramos como resultado a falta de sentido e uma contemplação equivocada que fortalece o próprio narcisismo em vez de transformá-lo. Outra causa é a tendência de combater todos os problemas com remédios psiquiátricos e de nos isolar de nosso ser mais íntimo.

Abordamos as áreas na metade da vida e na idade em que as pessoas sentem muitas vezes que não viveram de verdade. Para todos esses pontos procuramos a resposta de Jesus. Ele não nos dá conselho de como dar conta da vida. Antes, abre nossos olhos para adotarmos outra postura diante de nossa existência. As palavras de Jesus nos desafiam a ousar nossa vida e a não nos contentar com o papel de espectadores. Mas as palavras de Jesus não são exigências moralizantes; antes, provocam algo dentro de nós. Elas nos ajudam a entrar em contato com a sabedoria de nossa alma e com a força interior que nos espera no fundo dela. Elas despertam em nós a esperança que se encontra adormecida em nosso barco. Quando esta se levanta em nosso interior, as ondas e as tempestades da vida perdem seu poder sobre nós; elas não nos ameaçam mais, e assim podemos seguir nossa viagem no mar da vida.

Também contemplamos a virtude cristã da esperança como resposta ao desânimo, que está por trás de uma vida desperdiçada. Nosso tempo não é um tempo marcado por grandes gestos de esperança. Respondemos a todo tipo de esperança com ceticismo; atribuímos a ela a postura que nega a vida com seus problemas, mas isso é uma esperança equivocada. A esperança cristã nos desafia a ousar a vida e a deixar nosso rastro no mundo; um rastro que o transforma, que o torna mais aconchegante e mais humano. Ela nos capacita a transmiti-la aos outros, pois apenas uma vida marcada de esperança e que transmita esperança é uma vida valiosa, como diz Ernst Bloch.

Não quero criticar ninguém com este livro. Pretendi apenas descrever tendências que percebi em conversas com muitas pessoas. Talvez você reconheça tendências semelhantes em você. Assim, o livro poderia lhe servir como espelho no qual você se reconhece. Mas, ao mesmo tempo, desejo que você tenha descoberto nestas páginas caminhos para assumir as rédeas de sua vida; que você entre em contato com sua própria força; que descubra em si o desejo de ousar a vida, em vez de desperdiçá-la. Dessa forma, meu livro pretende despertar a esperança de uma vida plena e bem-sucedida, de uma vida de amor e entrega e de uma vida que nos liberta da necessidade de girar em torno de nós mesmos.

Ficaria muito feliz se você entendesse este livro como um convite para não lamentar o passado, mas avançar para o futuro com coragem e confiança, pois nunca é tarde demais para começar. Mesmo que tenha perdido muitas chances, você pode aproveitar este momento para começar a viver de forma consciente, e assim, aquilo que perdeu e desperdiçou adquire novo significado. Este é o sentido da transformação: tudo tem o direito de ser, até mesmo aquilo que perdi, mas entrego tudo a Deus, confiante de que Ele penetrará e transformará tudo com o espírito do amor e da esperança.

O objetivo da transformação é manifestar a imagem singular que Deus tem de você. Ela é a resposta cristã à procura constante de mudanças, que atormenta muitos em seu caminho espiritual e terapêutico. Mudanças têm um aspecto agressivo; preciso mudar completamente. Ela sempre envolve rejeição de mim mesmo: do jeito que sou, não sou bom. Mas a transformação é mais mansa; para ela tudo tem o direito de ser. Eu respeito minha vida do jeito que ela é, juntamente com tudo o que perdi. Ao mesmo tempo, porém, tenho a esperança de que o Espírito de Deus transforme tudo dentro de mim e o adeque à forma singular que sou desde a minha origem.

Mudanças provocam em mim sentimentos de culpa; fiz tudo errado. A transformação me liberta dos sentimentos de culpa; penso naquilo que perdi não com sentimentos de culpa, mas como encorajamento: Quero ousar a minha vida. Eu quero correr o risco de me empenhar, de apostar minha vida a exemplo de Jesus. E confio que vale a pena ousar a vida, independentemente das reações das pessoas ao meu redor. O que importa é que eu viva a vida que Deus me oferece e que eu deixe o rastro singular dela neste mundo.

Desejo que você, querido leitor, deixe um rastro de esperança, de confiança e de amor neste mundo, e que este se torne um lugar um pouco mais iluminado, esperançoso e amoroso por causa de você.

Fontes e dicas para uma leitura mais aprofundada

BOROS, L. *Aus der Hoffnung leben* – Zukunftserwartung in christlichem Dasein. Mainz, 1992.

Die Kunst, sinnvoll zu leben – Bericht über die Jubiläumstagung zum 90. Geburtstag von Viktor Frankl. Tübingen, 1996.

FRANKL, V. *Der Mensch auf der Suche nach Sinn*. Viena, 1989 [Ed. bras.: *O homem em busca de sentido*].

GOETSCHI, R. *Der Mensch und seine Schuld* – Das Schuldverständnis der Psychotherapie in seiner Bedeutung für Theologie und Seelsorge. Einsiedeln, 1976.

GRUNDMANN, W. *Das Evangelium nach Matthäus*. Berlim, 1968.

JOTTERAND, G. *Mystik als Heilsweg* – Von narzisstischer Grandiosität zur Demut am Beispiel des "Kleinen Weges" der Sainte Thérèse de Lisieux. Friburgo, 2007.

KERNBERG, O.F. *Narzissmus, Aggression und Selbstzerstörung – Fortschritte in der Diagnose und Behandlung schwerer Persönlichkeitsstörungen.* Stuttgart, 2006.

KÜMMEL, F. "Hoffnung". *Theologische Realenzyklopädie.* Vol. 15. Berlim, 1986.

LÜTZ, M. *Irre* – Wir behandeln die Falschen: Unser Problem sind die Normalen. Gütersloh, 2009.

MARCEL, G. *Homo viator* – Philosophie der Hoffnung. Düsseldorf, 1949.

NUBER, U. *Die Egoismusfalle* – Warum Selbstverwirklichung so oft einsam macht. Zurique, 1993.

SAINT-EXUPÉRY, A. *Die Stadt in der Wüste.* Düsseldorf, 1959.

SCHMID, H. *Jeden gibt's nur einmal.* Stuttgart, 1981.

VON HERTLING, L. *Lehrbuch der aszetischen Theologie.* Innsbruck, 1930.

JESUS PARA ESTRESSADOS
Imagens poderosas para superar o esgotamento
Anselm Grün

É cada vez maior o número de pessoas, atualmente, que sentem que o cansaço afeta negativamente seu dia a dia, tanto no trabalho quanto em suas relações sociais e familiares. Não raro, até mesmo atividades prazerosas e o tempo de descanso são tomados por uma situação de extenuante fadiga e esgotamento. Sentem-se, enfim, sobrecarregadas, consumidas e sem energias. Se esta é uma sensação constante ou frequente, pode tratar-se do chamado *burnout*, um esgotamento que paralisa e interrompe o fluxo de energia da alma e do corpo. Mas isso pode ter muitas causas e, por trás do estresse, podem estar determinadas imagens que bloqueiam nossa energia criativa, nossas forças e nosso prazer de viver. Podemos estar alimentando imagens doentias e equivocadas a respeito de nós mesmos e do que se espera de nós.

O autor dedica-se aqui a apresentar algumas das imagens poderosas que costumam bloquear o fluxo interno de energias criativas e transformá-las em imagens saudáveis para a alma e para o corpo, liberando as fontes vitais de inspiração, criatividade, satisfação e prazer de viver.

Anselm Grün *é autor reconhecido no mundo inteiro por seus inúmeros livros publicados em mais de 28 línguas, o monge beneditino Anselm Grün, da Abadia de Münsterschwarzach (Alemanha), une a capacidade ímpar de falar de coisas profundas com simplicidade e expressar com palavras aquilo que as pessoas experimentam em seu coração. Procurado como palestrante e conselheiro na Alemanha e no estrangeiro, tornou-se ícone da espiritualidade e mestre do autoconhecimento em nossos dias. Tem dezenas de obras publicadas no Brasil.*

EDITORA VOZES
Editorial

CULTURAL
Administração
Antropologia
Biografias
Comunicação
Dinâmicas e Jogos
Ecologia e Meio Ambiente
Educação e Pedagogia
Filosofia
História
Letras e Literatura
Obras de referência
Política
Psicologia
Saúde e Nutrição
Serviço Social e Trabalho
Sociologia

CATEQUÉTICO PASTORAL

Catequese
Geral
Crisma
Primeira Eucaristia

Pastoral
Geral
Sacramental
Familiar
Social
Ensino Religioso Escolar

TEOLÓGICO ESPIRITUAL
Biografias
Devocionários
Espiritualidade e Mística
Espiritualidade Mariana
Franciscanismo
Autoconhecimento
Liturgia
Obras de referência
Sagrada Escritura e Livros Apócrifos

Teologia
Bíblica
Histórica
Prática
Sistemática

REVISTAS
Concilium
Estudos Bíblicos
Grande Sinal
REB (Revista Eclesiástica Brasileira)
SEDOC (Serviço de Documentação)

VOZES NOBILIS
Uma linha editorial especial, com importantes autores, alto valor agregado e qualidade superior.

VOZES DE BOLSO
Obras clássicas de Ciências Humanas em formato de bolso.

PRODUTOS SAZONAIS
Folhinha do Sagrado Coração de Jesus
Calendário de mesa do Sagrado Coração de Jesus
Agenda do Sagrado Coração de Jesus
Almanaque Santo Antônio
Agendinha
Diário Vozes
Meditações para o dia a dia
Encontro diário com Deus
Guia Litúrgico

CADASTRE-SE
www.vozes.com.br

EDITORA VOZES LTDA.
Rua Frei Luís, 100 – Centro – Cep 25689-900 – Petrópolis, RJ
Tel.: (24) 2233-9000 – Fax: (24) 2231-4676 – E-mail: vendas@vozes.com.br

UNIDADES NO BRASIL: Belo Horizonte, MG – Brasília, DF – Campinas, SP – Cuiabá, MT
Curitiba, PR – Florianópolis, SC – Fortaleza, CE – Goiânia, GO – Juiz de Fora, MG
Manaus, AM – Petrópolis, RJ – Porto Alegre, RS – Recife, PE – Rio de Janeiro, RJ
Salvador, BA – São Paulo, SP